성서

너머학교 고전교실 14

성서

삶의 진실을 향한 무한 도전

손기태 글 · 이유정 그림

너머학교

성서가 우리에게 던지는 질문들

1. 성서는 어떤 책인가?

성서는 지난 2천 년 동안 인류가 가장 오래 그리고 가장 많이 읽어 온 고전 가운데 하나입니다. 성서를 가리키는 바이블(Bible)이라는 용어는 책을 뜻하는 그리스어 비블리아(biblia)에서 유래하였습니다. 비블리아(biblia)는 비블로스(biblos)의 복수형으로 '여러 책의 모음'이라는 뜻입니다. 그러니까 여러 책을 모아 놓은 책이 성서(Bible)라고 할 수 있겠네요.

성서는 크게 구약성서와 신약성서로 구분됩니다. 구약(舊約)과 신약(新約)은 '옛' 약속과 '새' 약속이라는 의미입니다. 여기서의 약속은 이스라엘 민족을 구원하시겠다는 옛 약속과, 이스라엘만이 아니라 모든 민족까지 함께 구원하시리라는 새 약속을 가리킵니다.

　구약성서는 고대 이스라엘의 기원에서부터 예수님이 탄생하기 이전까지 전승되어 오던 문헌들을 모은 책입니다. 여기서 가장 근간이 되는 5권의 책을 '오경(五經)'이라 부르는데, 구약성서의 맨 앞부분에 실려 있습니다. 인류의 시작과 이스라엘 민족의 형성 과정을 다루는 「창세기」와 「출애굽기」, 그리고 각종 율법서 등이 '오경'에 해당합니다. 그다음에는 이스라엘 민족의 역사를 다루는 '역사서'가 나옵니다. 이스라엘 왕국 성립 이전 시기부터 패망 이후 시기까지 상세하게 서술하고 있습니다. '역사서' 다음에는 시(詩)와 노래, 지혜문학 작품들이 수록되어 있습니다. 「잠언」과 「시편」 등이 그 대표적인 책들입니다. 구약성서의 마지막 부분에는 하나님의 말씀을 전하는 예언자들의 설교와 각종 예언을 기록한 '예언서'가 실려 있습니다.

신약성서는 구약성서에 비해 훨씬 분량이 적습니다. 예수님의 탄생과 행적을 기록한 '복음서'와 바울을 비롯한 여러 사도들의 '서신'으로 이루어져 있습니다. '복음서'는 「마태복음서」, 「마가복음서」, 「누가복음서」, 「요한복음서」 등 4권의 책을 가리킵니다. 이 4권은 각기 다른 관점에서 예수님의 말씀과 삶을 서술합니다. '복음서' 다음에는 「사도행전」이 등장하는데, 예수님 이후에 그의 제자들이 공동체를 설립하여 예수님의 말씀을 전하는 내용이 실려 있습니다. 신약성서의 마지막 부분에는 사도들의 '서신'이 수록되어 있습니다. 신약성서에서 가장 많은 분량의 책을 쓴 사도는 바울입니다. '서신'의 대부분이 바울이 각 지역의 공동체에 보낸 서신들인데, 「로마서」가 가장 널리 알려져 있습니다.

성서가 3천여 년 전부터 쓰인 책이라는 점을 고려한다면, 오늘날의 관점에서 성서 원문의 본래 의미를 온전히 해석해 내기란 쉬운 일이 아닙니다. 마치 한 명의 저자가 쓴 것처럼 성서 전체가 하나의 일관된 관점을 지녔다고 여기기 쉽지만 사실은 그렇지 않습니다. 성서는 여러 명의 매우 다양한 저자들에 의해 기록된 책입니다. 저자들이 살았던 시대나 역사적 배경 또한 천차만별이라서, 성서를 읽을 때 그 내용과 진의를 파악하기가 여간 어렵지 않습니다. 심지어 서로 상반된 것처럼 보이는 메시지들도 적지 않습니다. 성서가 지닌 이러한 특성을 고려하지 않고 무조건 하나의 틀에다 집어넣어 해석하려다간 그 뜻을 오히려 왜곡하는 결과를 초래하고 맙니다.

성서를 잘 해석하기 위해서는 좀 더 신중하고 유연한 접근 방식이 필요합니다. 그동안 신학자들은 다양한 접근 방식을 통해서 성서를 해석하고 연구해 왔습니다. 성서의 각 책들이 기록된 시대, 역사적인 배경, 성서를 읽는 독자층, 저자의 의도나 문체, 구성 형식, 사회적 맥락 등 여러 측면을 고려하여 입체적으로 해석하고자 했던 것입니다. 이는 무엇보다도 성서의 본문이 갖는 다양하고도 풍부한 의미를 충분히 되살려 내기 위함이었습니다.

성서를 해석하는 것은 수학이나 과학 문제를 푸는 것처럼 하나의 정답을 찾는 것과 다릅니다. 성서에는 오직 하나의 정답만이 있다고 하면서 자신의 해석만이 올바르다고 여기는 것은 성서를 오독하는 것입니다. 성서를 완벽하게 해석한다는 것은 애당초 불가능합니다. 누구든 성서를 읽고 해석할 수 있지만 이는 어디까지나 부분적인 해석에 그칠 뿐입니다. 그러므로 저마다 자신의 해석의 한계를 인정하면서 다른 해석들에 귀 기울일 때에 비로소 성서를 올바로 해석하는 길이 열립니다.

성서를 읽어 온 역사는 수천 년을 헤아립니다. 그 오랜 세월 동안 성서의 독자들은 저마다 자신이 처한 상황에서 신을 향해 물음을 던

성서 속 이야기를 바느질로 표현한 해리엇 파워스의 「픽토리얼 퀼트」, 1895~1898년.

졌고, 성서에서 신의 답변을 듣고자 했습니다. 시대적 요청과 문화적 변천 과정 속에서 성서는 매번 다르게 읽히고 해석되어 왔습니다. 중세 시대의 스콜라 철학자들은 성서를 모든 학문의 근거로 간주하였고, 가톨릭교회와 개신교에서는 각기 자신들의 교리의 근거를 성서에서 이끌어 냈습니다. 또한, 차별과 억압을 극복하려던 여성 인권 운동가들이나 흑인 노예해방 운동가, 또는 식민지 독립을 위해 싸우던 사람들에게 성서는 참된 정의가 무엇인지 일러 주는 지침이었습니다.

성서에는 우리가 마주하게 되는 삶의 진실들에 대한 근본적인 물음이 있으며, 성서의 저자들은 이에 대해 다양한 방식으로 해답을 제시하고 있습니다. 이는 우리의 삶이 그토록 다양하면서도 때론 당혹스럽기까지 한 모습을 지니고 있기 때문일 것입니다. 서로 다른 모양과 재질의 천 조각들을 덧대어 만든 '퀼트(quilt)'처럼, 성서는 성격이 다른 매우 이질적인 내용들이 한데 묶여 있으면서도 서로가 서로를 보완해 주는 독특한 책입니다. 성서에 귀 기울인다는 것은 성서의 다양한 목소리에 마음을 열고 다가간다는 것을 의미합니다.

2. 성서 속의 역사 이야기

성서를 펼치면 「창세기」 첫 장에서부터 세상과 인간의 기원을 비롯한 이스라엘 민족의 장구한 역사가 펼쳐집니다. 최초의 인간 아담과 하와의 에덴동산 이야기, 이집트 노예 생활에서의 해방, 이스라엘 왕정 수립, 바벨론 제국에 의한 패망, 이후 로마제국의 지배 등 이스라엘 민족의 역사가 숨 가쁘게 전개됩니다. 성서의 절반 이상이 이스라엘 민족의 역사 이야기로 채워져 있지요.

성서에는 어째서 역사 이야기가 이토록 많이 수록된 것일까요? 앞에서도 언급한 것처럼, 성서가 인간의 삶과 현실에 관심을 갖는다는 점에 주목할 필요가 있습니다. 인간의 삶과 현실에 대해 기록하면서 그 의미를 찾고자 하는 시도가 바로 '역사'라 할 수 있습니다. 성서는 인간의 역사 한가운데에서 신의 메시지를 들으며 역사의 의미를 찾고자 했던 기록입니다.

역사에는 인간의 성공과 실패의 기록이 담기기 마련입니다. 성서에도 이스라엘 민족의 흥망성쇠 과정이 적나라하게 묘사되어 있습니다. 성서에 담긴 하나님의 메시지는 어떤 논리적인 개념이나 추상적인 설명이 아닙니다. 그보다는 인간이 겪는 현실에 대한 구체적인 교훈과 지혜를 통해 주어집니다. 인간이기에 겪는 현실, 그러한 현실을 피할 수 없는 인간의 운명, 제국을 꿈꾸었던 이스라엘 민족, 연이은 주변 국가들의 침략과 그로 인한 이스라엘의 패망, 이스라엘 재건을 향한 꿈과 메시아에 대한 기대, 예수의 십자가 처형 등 이러한 역사의 파노라마 속에서 인간의 현실에서 가장 중요한 삶의 의미가 어디에 있는지 알려 주고자 하는 것입니다.

그런 점에서 이스라엘 민족의 역사는 하나님의 메시지가 펼쳐지는 무대입니다. 성서의 각 책들은 이스라엘의 역사에 대한 기억을 바탕으로 기록되어 있습니다. 이스라엘의 역사를 통해 모든 인류를 향한 하나님의 메시지가 전해진 것입니다.

성서를 읽는 방법은 여러 가지가 있겠지만, 이 책에서는 성서가 우리에게 던지는 질문을 통해 성서에 접근해 보고자 합니다. 「창세기」는 인간에게 신처럼 되려는 열망, 즉 절대자가 되어 모든 것을 지배하려는 열망이 있다고 보고 있습니다. 만약 그렇다면 인간이 신처럼 절대자가 되는 것은 과연 바람직한 것일까요? 그렇게 된다면 세상은 어떤 모습이 될까요?

또한, 「출애굽기」는 성서에 제시된 하나님의 말씀에 따라 살아간다면 현실에서 어떤 문제에 부딪힐 수 있는지 보여 줍니다. 특히 생존의

루이스 프랭, 「첫 번째 성서 수업」, 19세기 후반.

문제 앞에서 인간은 현실과 쉽게 타협합니다. 과연 하나님의 말씀대로 살아가는 것이 가능한 것일까요?

한편, 「마태복음」에는 예수님의 삶, 특히 부패한 종교와 정치권력에 맞서 하나님의 말씀대로 실천하면서 살아가는 모습이 담겨 있습니다. 유대 사람들이 지니고 있던 배타적인 민족주의에 대해서 비판적이었다는 것도 나옵니다. 하지만 예수님은 결국 유대인의 왕이 되려 했다는 모함을 받아 십자가형에 처해지고 말았습니다. 당시 사람들은 무엇 때문에 그토록 예수님을 배척했던 것일까요? 종교와 정치

12

의 관계는 어떠해야 할까요?

또한, 「로마서」를 쓴 바울은 하나님께서 유대 사람이나 헬라 사람이나 차별하지 않으신다고 하였습니다. 이는 오직 유대 사람만 구원받을 수 있다는 당시의 통념에 정면으로 반하는 주장이었습니다. 나아가 예수 그리스도를 믿는 믿음 안에서 신분이나 성별, 계급 등 그 어떠한 차별도 있어서는 안 된다고 하였습니다. 과연 바울의 주장처럼 아무런 차별이 없는 세상이란 가능한 것일까요?

성서는 우리에게 이미 마련된 답변을 주기보다는, 이제까지 생각하지 못했던 새로운 질문을 던지는 것 같습니다. 그렇다면 그 질문에 대한 해답을 마련하는 과정이 곧 성서를 읽는 과정이 될 것입니다. 성서가 우리에게 던지는 질문과 함께 성서의 세계로 여행을 떠나 보도록 하지요. 성서의 첫 번째 관문인 「창세기」로 들어가 보겠습니다.

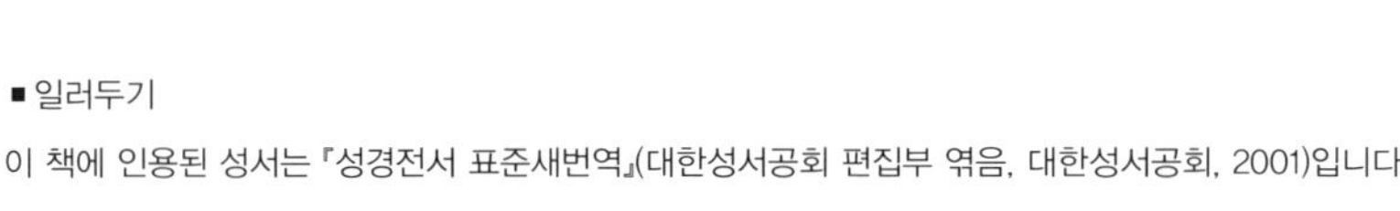

■ 일러두기

이 책에 인용된 성서는 『성경전서 표준새번역』(대한성서공회 편집부 엮음, 대한성서공회, 2001)입니다.

1장

세상의 맨 처음에 있었던 일들

—

「창세기」가 인간 역사에 던지는 질문

히에로니무스 보슈, 「쾌락의 정원—창조」, 1500년경.

「창세기」의 첫 장을 열며

태초에 하나님이 천지를 창조하셨다. 땅이 혼돈하고 공허하며,
어둠이 깊음 위에 있고, 하나님의 영은 물 위에 움직이고 계셨다.
하나님이 말씀하시기를 "빛이 생겨라." 하시니, 빛이 생겼다. 그
빛이 하나님 보시기에 좋았다. 하나님이 빛과 어둠을 나누셔서,
빛을 낮이라고 하시고, 어둠을 밤이라고 하셨다. 저녁이 되고 아
침이 되니, 하루가 지났다.

—「창세기」1장 1-5절

성서의 가장 앞에 있는 「창세기」는 세상의 맨 처음에 일어났던 일들
에 관해 이야기하는 책입니다. "태초에 하나님이 천지를 창조하셨다."
라는 구절로 시작되지요. 「창세기」 1~3장을 보면 하나님이 세상을 창

조한 이야기와 선악과 이야기가 실려 있습니다. 최초의 인간 아담과 하와가 뱀의 꼬임에 넘어가서 선악과를 먹고서 결국 낙원에서 추방된다는 이야기는 한 번쯤 들어 봤을 겁니다.

그동안 수많은 학자들이 「창세기」를 연구하여 세상의 기원이나 악(惡)의 유래에 관한 형이상학적인 질문에 해답을 얻고자 했지만 별 소득이 없었습니다. 「창세기」의 저자가 하나님은 어떤 존재이며 어떤 본성을 갖는지, 그리고 세상이 왜 창조되었으며 악은 어째서 존재하는지, 선악과를 만든 이유는 무엇인지 등과 같은 문제들에 별 관심을 보이지 않았기 때문입니다. 그보다는 창조 이후 세상과 인간의 삶이 어떻게 변모하는지에 더 관심을 기울이는 것으로 보입니다.

성서학자들은 통상 「창세기」 1장에서 11장까지를 '원(原)역사'라고 부릅니다. 원역사는 세상이 창조된 직후부터 일어났던 태고의 인류 역사로서, 인간의 삶과 역사를 어떻게 바라보는지 압축적으로 서술하고 있습니다. 그리고 12장 이후부터는 이스라엘 민족의 조상 아브라함의 생애와 그의 후손들에 대한 이야기가 펼쳐집니다.

그런데 원역사의 내용을 보면 매우 당혹스럽습니다. 왜냐하면, 전능한 하나님의 작품인 세상이 곧바로 좌초되는 모습으로 나타나기 때문입니다. 아담과 하와는 하나님을 거역하고 에덴동산이라는 낙원에서 추방되며, 또 곧바로 그들의 첫 자녀인 카인이 동생 아벨을 살해합니다. 이후에는 세상에 온갖 악이 가득하여 하나님은 자신이 세상을 창조한 것을 낙심하고 후회합니다. "야훼께서는, 사람의 죄악이 세상에 가득 차고, 마음에 생각하는 모든 계획이 언제나 악한 것뿐임을 보시고서, 땅 위에 사람 지으셨음을 후회하시며 마음 아파 하셨다. (…) '그것들을 만든 것이 후회되는구나.' 하고 탄식하셨다."(「창세기」 6장 6-7절)

결국 하나님은 홍수로 세상을 심판하고 새롭게 시작하지만, 세상에는 다시 악이 가득 차고 인간들은 바벨탑을 지어서 하나님의 자리를 넘보기에 이릅니다. 맨 처음 세상이 지녔던 아름다운 모습은 모두 사라지고 혼란과 갈등, 죄악과 싸움으로 가득하게 된 것입니다.

이처럼 성서의 세계로 들어가는 첫 관문인 원역사가 하나님의 창조의 실패와 파멸로 끝맺는다는 점은 너무도 이상하게 느껴집니다. 「창세기」의 저자는 어째서 하나님의 창조를 이런 식으로 서술했을까요? 과연 저자는 어떤 이야기를 하고 싶었던 것일까요?

우리는 여기서 「창세기」의 저술 목적이 단순히 하나님의 전지전능함이나 위대함을 드러내는 데 있지 않음을 알 수 있습니다. 하나님의 전지전능함이나 위대함을 드러내려고 했다면 이렇게 실패와 파멸로 끝맺지는 않았을 테니까요.

지금부터 원역사에 등장하는 여러 사건들―선악과, 카인의 살인, 대홍수, 바벨탑 사건―을 하나씩 살펴보면서 다음과 같은 질문들을 던져 볼 것입니다. 아담과 하와는 어째서 에덴동산에서 추방당했는가? 세상에는 왜 폭력과 살육이 끊이지 않는가? 인간은 어떠한 세상을 만들고자 했는가? 그러한 인간이란 과연 어떠한 존재인가?

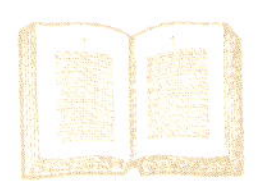

너희도 하나님처럼 될 것이다
선악과 이야기

「창세기」 3장에 나오는 에덴동산은 낙원으로 그려집니다. 이곳에서 하나님이 창조하신 자연 만물과 인간이 서로 평화롭게 살아가고 있었습니다. 잘 알려진 대로, 이러한 평화로운 일상은 어느 날 갑자기 등장한 뱀의 유혹으로 깨지고 맙니다. 선악과를 먹은 아담과 하와는 낙원에서 추방됩니다.

물론 하나님이 애초부터 선악과를 만들지 않았다면 아무런 문제도 생기지 않았겠지요. 그리고 뱀을 만들지 않았다면 아담과 하와가 유혹에 넘어가지도 않았을 것이고요. 하지만 「창세기」에는 어째서 하나님이 선악과를 만들었는지, 그리고 왜 먹지 말라고 금지했는지 설명되어 있지 않습니다. 그저 인간이 금지된 열매를 먹었으며, 그로 인해 인간에게 고통과 죽음이 닥쳐오게 되었다고 말할 따름입니다. 인간에게 닥친 이 모든 불행은 인간 스스로 자초한 일이라는 것입니다.

「창세기」 3장에서는 결국 유혹의 힘에 무력하게 굴복하는 인간의 심리 변화를 매우 섬세하게 묘사합니다.

뱀은, 주 하나님이 만드신 모든 들짐승 가운데서 가장 간교하였다. 뱀이 여자에게 물었다. "하나님이 정말로 너희에게, 동산 안에 있는 모든 나무의 열매를 먹지 말라고 말씀하셨느냐?" 여자가 뱀에게 대답하였다. "우리는 동산 안에 있는 나무의 열매를 먹을 수 있다. 그러나 하나님은, 동산 한가운데 있는 나무의 열매는, 먹지도 말고 만지지도 말라고 하셨다. 어기면, 우리가 죽는다고 하셨다."
뱀이 여자에게 말하였다. "너희는 절대로 죽지 않는다. 하나님은, 너희가 그 나무 열매를 먹으면, 너희의 눈이 밝아지고, 하나님처럼 되어서, 선과 악을 알게 된다는 것을 아시고, 그렇게 말씀하신 것이다." 여자가 그 나무의 열매를 보니, 먹음직도 하고, 보암직도 하였다. 그뿐만 아니라, 사람을 슬기롭게 할 만큼 탐스럽기도 한 나무였다. 여자가 그 열매를 따서 먹고, 함께 있는 남편에게도 주니, 그도 그것을 먹었다.

—「창세기」 3장 1-6절

인간은 어째서 이러한 유혹에 이끌린 것일까요? 과연 이 모든 악의

에티오피아 한 교회에 있는, 아담과 하와 그림.

원천은 뱀일까요? 사실 이 장면을 잘 살펴보면, 아담과 하와는 하나님이 금지했던 그 열매를 먹기 전부터 스스로 제어할 수 없는 어떤 힘에 이끌려 간다는 것을 알 수 있습니다. 그 열매는 여자(하와)가 보기에 먹음직스러웠고, 자신들의 눈을 즐겁게 할 만큼 보암직하기도 했으며, 슬기롭게 할 만큼 탐스러운 것으로 여겨졌습니다. 이러한 유혹, 또는 위반의 욕망은 어느 순간 급작스럽게 들이닥쳐 그들을 사로잡습니다. 이는 마치 수수께끼와도 같은 힘이었고, 그 이후로 인간의 운명은 커다란 전환점을 맞이합니다.

아담과 하와가 처음으로 접한 악은 자신들과 별개로 존재하는 객

관적인 실체나 대상이 아니었습니다. 그것은 오히려 유혹에 이끌리는 자신들의 마음 안에 있었습니다. 이로 인해 그들은 내적인 균열을 겪으며 갈등합니다. 하나님의 명령을 어기고 선악과를 먹을 것인가, 아니면 선악과를 포기할 것인가. 하지만 하나님의 명령을 따르기에는 선악과에 대한 그들의 욕망이 너무나도 컸습니다.

선악과를 먹은 이후로 그들의 운명은 완전히 바뀌었습니다. 물론 그들도 하나님처럼 선과 악을 '아는' 존재가 되었습니다. 선악과를 먹고 나면 눈이 밝아져서 하나님처럼 될 것 같았습니다. 하지만 그들이 원하는 삶과는 전혀 다른, 예상 밖의 결과가 다가왔습니다. 하나님처럼 되기는커녕 고된 노동과 출산의 고통, 그리고 죽음을 피할 수 없는 존재가 되었습니다. 흙에서 창조되었지만 죽음으로 인해 흙으로 다시 돌아가게 된 것입니다. "너는 흙이니 흙으로 돌아가리라." (「창세기」 3장 19절)

선과 악에 대해 '안다'는 것은 어떤 것일까요? 성서에서 사용되는 '안다(히브리어로 'yada'라고 합니다.)'라는 단어는 단순히 어떤 지식이나 정보를 얻는 것이 아니라, 삶 속에서 직접 경험하면서 터득하는 것을 의미합니다. 이를테면, 수영에 대해서 '안다'라고 하면, 단순히 수영에 관한 지식이나 정보를 갖고 있는 것이 아니라 직접 물에 들어가서 수영을 해 본 적이 있음을 가리키는 것입니다.

아담과 하와가 선과 악을 '안다'는 것도 그들의 삶 속에서 선과 악이라는 두 극단을 경험하게 됨을 뜻합니다. 선악과를 먹은 뒤, 인간은

유리 안넨코프, 「아담과 이브」, 1918년.

매 순간 선과 악을 분간하면서 살아가야 하는 운명에 처한 것입니다. 다른 인간들과 분쟁을 하면서 서로의 잘잘못을 가리며 살아가야 합니다. 하지만 모두를 만족시킬 공평한 판단을 내리기란 결코 쉽지 않을뿐더러, 그것이 과연 공평한 판단인지 누가 어떻게 판단할 것인가라는 또 다른 분쟁을 낳기도 합니다. 인간의 역사는 이러한 분쟁으로부터 한시도 자유로웠던 적이 없었습니다.

뿐만 아니라, 선과 악을 판단하게 되면 누군가가 처벌하는 위치에, 또 다른 누군가는 처벌받는 위치에 놓입니다. 물론 공정한 재판이 이루어져야 하겠지만, 우리가 알다시피 역사에서 재판이 항상 공정하게 이루어진 것만은 아니었습니다. 재판관들이 권력과 부를 가진 사람들에게는 유리하게 판결하고, 사회적 약자들은 억울하게 처벌받는 경우가 적지 않았습니다. 구약 시대에도 사회의 혼란은 극에 달하였는데, 예언자들이 직접 나서서, 뇌물을 받아 부당한 판결을 내리는 재판관을 공개적으로 비판했을 정도였습니다. 십계명의 제8계명은 거짓으로 증언하는 행위를 금하고 있습니다. 이는 단순히 거짓말을 하지 말라는 계명이라기보다, 재판에서 다른 사람을 모함하려는 의도로 거짓을 꾸며 내지 말라는 것이었습니다.

이처럼 선과 악을 판단하며 살아간다는 것. 그것은 인간에게 매우 고단하고 힘겨운 일임이 분명합니다. 뱀이 유혹했던 것처럼 인간이 선악과를 먹고 눈이 밝아져서 신처럼 된다는 것, 선과 악을 알게 된다는 것은 결코 반길 만한 일이 아니었습니다. 게다가 선악과 사건 이후로 인간은 현실의 가혹한 삶과 마주해야만 했습니다. 땅이 황폐해졌으므로 열심히 땀을 흘려 일구어야만 땅에서 곡식을 수확할 수 있었습니다.

하나님은 인간이 하나님처럼 전지전능한 절대자이자 영원한 지배자가 되는 것을 허락하지 않았습니다. "보아라, 이 사람이 우리 가운데 하나처럼, 선과 악을 알게 되었다. 이제 그가 손을 내밀어서, 생명

나무의 열매까지 따서 먹고, 끝없이 살게 하여서는 안 된다."(「창세기」 3장 22절) 선악과 사건 이전이나 그 이후에도 인간이 유한한 존재라는 사실에는 전혀 변함이 없습니다.

선악과 이야기는 인간은 결코 신이 될 수 없다는 메시지를 전합니다. 하지만 인간의 마음에는 언제나 신이 되고자 하는 욕망이 자리하고 있음을 또한 일러 줍니다. 아우구스티누스는 이를 '휘브리스(hybris)'라고 불렀습니다. '휘브리스'란 '자기-높임', '자기-내세움'을 의미하는데, 스스로 신이 되려는 인간의 욕망을 가리킵니다. 인간의 그러한 욕망은 결국 인간의 삶을 파멸시키고 말 것입니다. 카인의 이야기가 이를 잘 보여 줍니다.

폭력과 증오의 역사가 시작되다
카인의 살인

아담과 하와가 에덴동산에서 추방된 이후, 본격적으로 인간의 시대가 시작됩니다. 먹고사는 모든 것을 하나님이 마련해 주었던 시절과 달리, 이제 인간은 모든 것을 스스로 해결하며 살아야 했습니다. 하나님의 명령을 어긴 후에 땅은 더욱 척박해지고 말았습니다. 「창세기」는 이를 가리켜 땅이 인간을 거부하게 되었다고 묘사합니다. 땅의 주인으로 살던 인간은 더 이상 땅을 지배하지 못하며, 땅은 증오와 살육이 만연한 곳이 된 것입니다. 이러한 인간의 역사에서 첫 번째 사건으로 보고되는 것이 바로 카인의 살인입니다.

「창세기」 4장에는 카인과 동생 아벨이 하나님에게 제사를 드리는 장면이 나옵니다. 카인은 농사를 짓는 사람답게 곡식을 제물로 바치고, 아벨은 양을 치는 사람답게 양을 제물로 바칩니다. 그런데 어찌

된 일인지 하나님은 아벨의 제사는 받으시지만 카인의 제사는 받지 않으셨습니다. 「창세기」에는 그 이유가 나와 있지 않습니다. 카인은 어째서 자신의 제물만 하나님이 거부했는지 알지 못한 채 분노에 사로잡히고 맙니다.

> 카인은 땅에서 거둔 곡식을 주께 제물로 바치고, 아벨은 양 떼 가운데서 첫째의 기름기를 바쳤다. 주께서 아벨과 그가 바친 제물은 반기셨으나, 카인과 그가 바친 제물은 반기지 않으셨다. 그래서 카인은 몹시 화가 나서, 얼굴색이 변하였다. 야훼께서 카인에게 말씀하셨다. "어찌하여 네가 화를 내느냐? 얼굴색이 변하는 까닭이 무엇이냐? 네가 올바른 일을 하였다면, 어찌하여 얼굴을 펴지 못하느냐? 그러나 네가 올바르지 못한 일을 하였으니, 죄가 너의 문에 도사리고 앉아서, 너를 지배하려고 하니, 너는 그 죄를 잘 다스려야 한다."
>
> —「창세기」 4장 3-7절

여기서 등장하는 '죄'는 단순히 어떤 범법 행위를 지칭하는 것이 아니라, 인간의 마음을 사로잡는 '충동'처럼 묘사됩니다. 죄는 카인의 마음을 사로잡아 마치 맹수처럼 그를 순식간에 삼키려 합니다. 아담과 하와가 뱀의 유혹에 저항할 수 없었듯이, 카인도 죄에 사로잡혀 아벨을 살해하려는 충동에 휩싸인 것이지요.

이탈리아 살레르노 대성당에서 발견된 카인과 아벨을 표현한 조각, 1084년.

하나님은 카인에게 그 충동을 실행에 옮기지 않도록 마음을 잘 다스릴 것을 당부합니다. 하지만 카인은 자신의 충동을 막지 못하고 아벨을 들로 데리고 나가 그를 돌로 쳐서 죽입니다.

앞에서 말한 것처럼 「창세기」 4장에는 하나님이 어째서 카인의 제사를 거부하고 아벨의 제사만 받아들였는지 충분한 설명이 나와 있지 않습니다. 다만 하나님이 아벨의 제사만 받으심으로써 앞으로 맏아들로서의 카인의 지위가 흔들리리라는 것을 예감할 수 있을 뿐입니다. 고대 사회에서 장자, 즉 맏아들은 부모의 재산과 권력 모두를 이어받는 막강한 권한을 지니고 있었습니다. 장자권이라는 권한을 부여받음으로써 가문 전체에서 최고 결정권을 지닌 수장으로 지명되는 것입니다. 「창세기」에는 장자의 권리를 둘러싼 형제간의 다툼이 자주 나옵니다. 이삭의 아들 에서와 야곱이 그러했고, 야곱의 아들 중 막내인 요셉과 형들 간에도 불화가 있었습니다. 후계자 지명을 둘러싼 형제간의 시기와 다툼에서도, 특히 동생이 장자의 지위를 차지할 경우에는 피를 부르는 싸움이 일어날 수밖에 없었습니다.

「창세기」 4장의 장면도 바로 이러한 장자의 지위를 둘러싸고 벌어진 살인으로 생각할 수 있습니다. 카인이 아닌 아벨의 제사가 받아들여지면서 장자의 자리가 아벨에게로 넘어간 것입니다. 앞으로 새로운 통치자는 하나님이 장자로 인정한 아벨이 될 것입니다. 카인은 통치자의 자리를 차지하기 위해 아벨을 들로 데리고 나가 살해한 것입니다. 그런데 아벨의 행방을 묻는 하나님께 자신은 모르는 일이라고 잡아떼기에 이릅니다.

카인이 아우 아벨에게 말하였다. "우리 들로 나가자." 그들이 들에 있을 때에, 카인이 그의 아우 아벨을 쳐 죽였다. 하나님께서 카인에게 물으셨다. "너의 아우 아벨이 어디에 있느냐?" 그가 대답하였다. "모릅니다. 제가 아우를 지키는 사람입니까?" 하나님께서 말씀하셨다. "네가 무슨 일을 저질렀느냐? 너의 아우의 피가 땅에서 나에게 울부짖는구나."

—「창세기」 4장 8-10절

아벨의 피가 울부짖었고, 하나님은 그 울부짖음을 듣습니다. 피를 의인화하여 묘사한 대목이 흥미롭습니다. 이에 하나님은 카인을 불러 아벨을 죽인 죄를 추궁합니다. 하나님은 그에게 이렇게 말합니다. "네가 밭을 갈아도, 땅이 이제는 너에게 효력을 더 나타내지 않을 것이다. 너는 이 땅 위에서 쉬지도 못하고, 떠돌아다니게 될 것이다."(「창세기」 4장 12절) 앞으로 카인은 땅으로부터 저주를 받아 땅에서 유리되어 배회하는 자가 될 것입니다.

카인의 행위는 자신이 독차지할 부와 권력을 동생 아벨에게 빼앗겼다는 것에 격분하여 일어난 첫 번째 살인 사건입니다. 카인의 이야기에서 볼 수 있듯이, 인간의 탐욕 때문에 세상은 폭력과 살육, 증오가 가득한 곳으로 변했습니다. 「창세기」가 묘사하는 인간의 역사는 약육강식의 세계입니다. 자신의 것을 빼앗기지 않기 위해 그리고 자신의 탐욕을 채우기 위해 폭력과 살인을 서슴지 않는 세상은 창조 당시의 모습과 너무나도 동떨어졌지요.

카인과 아벨의 이야기는 하나님처럼 되려는 인간의 욕망이 결국 어떤 사태를 가져오는지 잘 보여 주는 사례입니다. 하나님처럼 되려는 욕망은 권력을 통해 다른 사람을 지배하려는 욕망, 더 많은 부를 차지하려는 욕망으로 변신하여 나타납니다. 인간의 역사를 돌이켜 보면 인류는 이러한 욕망으로부터 한 번도 자유로웠던 적이 없었습니다. 이로 인해 전쟁과 살육이 무수하게 일어났습니다. 인간 자신의 역사가 시작되는 첫 장면에 부와 권력을 둘러싼 살인 사건이 등장한다는 점은 매우 의미심장합니다. 카인의 살인 이후, 세상에는 더 많은 폭력과 증오가 가득하게 되었습니다. 세상은 돌이킬 수 없는 상태가 되고 말았습니다.

폭력과 살육의 역사가 중단되다
대홍수 이야기

카인의 살인 사건 이후에 땅 위에는 폭력과 죄악이 만연하게 되었고, 부패와 포악함이 사람들의 삶 속에 깊이 뿌리내려 더 이상 돌이킬 수 없는 상황이 되었습니다. "하나님이 보시니, 세상이 썩었고, 포악함으로 가득했다. 하나님이 땅을 보시니, 썩어 있었다. 살과 피를 지니고 땅 위에서 사는 모든 사람들의 삶이 속속들이 썩어 있었다."(「창세기」 6장 11-12절)

「창세기」에서 인간과 땅은 공동 운명을 지닌 것으로 묘사됩니다. 본래 아담(adam)이라는 이름도 땅을 뜻하는 아다마(adama)라는 단어에서 유래한 것으로, 인간과 땅이 서로 분리될 수 없는 관계에 놓여 있음을 뜻합니다. 「창세기」는 인간은 흙으로부터 창조되었고, 나중에 죽어서도 흙으로 돌아가는 운명을 지니고 있다고 말합니다. 인간과 땅이 본질상 서로 다르지 않다는 것입니다. 선악과 사건 이후 아담의 타락이 땅의 황폐화로 이어진 것도 이 때문입니다. 인간의 마음에 사악한 생각이 가득하여 세상에 폭력과 살육이 끊이지 않게 되었고 지상에는 온갖 부패가 가득하게 되었습니다.

마침내 하나님은 이러한 폭력과 살육의 역사를 중단시키기로 결심합니다. 인간 스스로의 힘으로는 이러한 폭력과 살육의 역사에서 벗어날 수 없는 상태라고 판단했기 때문입니다. 따라서 하나님은 인간과 땅을 깨끗이 쓸어버리고(대홍수) 세상을 다시 새롭게 시작할 것을 결심합니다. 이것이 「창세기」 6장의 대홍수 사건입니다. "내가 이제 땅 위에 홍수를 일으켜서, 하늘 아래에서 살아 숨 쉬는 살과 피를 지닌 모든 것을 쓸어 없앨 터이니, 땅에 있는 것들은 모두 죽을 것이다."(17절)

하나님은 노아를 불러서 방주를 짓게 하고, 노아와 그의 식구들, 그리고 각종 생물의 암수 한 쌍씩 방주에 태우도록 하였습니다. 40일 동안 밤낮으로 비를 내리게 하니 땅에 있는 모든 '살과 피를 지닌 것', 즉 모든 생명체가 죽게 되었습니다.

노아의 방주에서 나오는 동물들의 모습을 그린, 기도서의 삽화. 1415~1430년.

「창세기」의 원역사에서 가장 중요하게 다뤄지는 주제는 바로 '생명'입니다. 「창세기」에서 하나님이 생명을 선사한 분으로 등장합니다. 하나님은 인간을 창조할 때 흙으로 빚어 코에다 생기(숨)를 불어 넣어 생명을 지닌 존재로 만들었습니다. "주 하나님이 땅의 흙으로 사람을 지으시고, 그의 코에 생명의 기운을 불어넣으시니, 사람이 생명체가 되었다."(2장 7절) 반면, 인간은 사악한 욕심을 채우고자 다른 생명을 빼앗는 짓을 벌입니다. "마음에 생각하는 모든 계획이 항상 악하여"(6장 5절) 자신을 위해 다른 생명체 파괴를 서슴지 않았습니다. 그러한 폭력과 살육의 역사가 대홍수라는 하나님의 급작스러운 개입으로 갑자기 중단된 것입니다.

온 땅이 물로 뒤덮인 지 1년이 넘어서야 노아의 가족과 동물들이 땅을 다시 밟을 수 있었습니다. 하나님은 인간들의 사악한 욕심 때문에 더 이상 생명이 함부로 파괴되지 않는 세상이 이루어지기를 바라셨고, 앞으로는 자신이 더 이상 세상을 물로 심판하지 않을 것이라고 언약하셨습니다. 그리고 이러한 언약의 증표로 무지개를 보여 주었습니다. 무지개가 뜰 때마다 사람들은 하나님의 언약을 기억하게 될 것입니다. 하나님은 다음과 같이 말씀합니다.

"이제 내가, 너희와 너희 뒤에 오는 자손에게 직접 언약을 세운다. 너희와 함께 있는 살아 숨 쉬는 모든 생물, 곧 너와 함께 방주에서 나온 새와 집짐승과 모든 들짐승에게도, 내가 언약을 세운

다. 내가 너희와 언약을 세울 것이니, 다시는, 홍수를 일으켜서
살과 피가 있는 모든 것들을 없애는 일이 없을 것이다. 땅을 파멸
시키는 홍수가 다시는 일어나지 않을 것이다."

—「창세기」 9장 9-11절

여기서 한 가지 흥미로운 것은 하나님이 언약을 할 때 그 언약의
대상에 인간만이 아니라 다른 모든 동식물들까지 포함시켰다는 점입
니다. 방주로부터 나온 노아의 가족들, 그리고 다른 모든 동식물들이
언약의 당사자가 되었습니다. 인간이나 짐승이나 죽음 앞에서는 모두
가 동등한 생명체인 것입니다. 「시편」의 저자도 생명과 죽음의 자리
에서 인간과 짐승이 서로 다르지 않다고 말합니다. "사람이 제아무리
위대하다 해도, 죽음을 피할 수는 없으니, 미련한 짐승과 같다."(「시
편」 49편 21절)

「창세기」의 생명 사상에 비추어 육식의 문제를 생각해 볼까요? 사
실 육식은 다른 생명체에 대한 일종의 폭력이라 볼 수 있습니다. 자연
의 모든 생명체의 삶이 폭력과 살육에 기반을 두고 있다는 점은 부인
하기 어렵습니다. 인간을 비롯한 모든 육식동물들은 생존을 위해 불
가피하게 살육을 하기 때문입니다. 하나님이 이러한 동물들의 육식
자체를 모두 금했던 것은 아닙니다. 하지만 고의로 피를 흘리는 행위
는 금하셨습니다. 동물의 살육과 인간의 살육의 차이점이 여기에 있
습니다.

오늘날 인간들이 행하는 살육은 동물들의 살육과 전혀 다른 성격으로 변질되었습니다. 동물들처럼 생존을 위한 최소한의 살육이 아니라 탐욕을 채우고 부를 축적하기 위한 무차별적인 살육이 된 것입니다. 육류를 대량으로 생산하기 위한 공장형 축산이 일반화되었고, 가죽과 털을 얻고자 무수히 많은 동물이 남획되었습니다. 또한 다른 민족이나 국가와 전쟁을 벌이면서 수많은 살육과 파괴를 행하였습니다. 이를 생존을 위한 최소한의 살육이라고 볼 수는 없을 것입니다.

우리는 북미의 인디언들에게서 동물을 대하는 전혀 다른 모습을 볼 수 있습니다. 그들은 생존을 위해 꼭 필요한 만큼만 사냥을 했고, 또한 목숨을 잃은 동물들에게 반드시 사죄와 위로를 구하는 기도를 했습니다. 인디언들에게 동물은 결코 함부로 살육해도 되는 존재도, 자신들의 부를 축적하기 위한 수단도 아니었던 것입니다. 인간을 비롯한 자연 만물이 생명을 지닌 존재라고 보기 때문에 함부로 생명을 빼앗는 행위를 삼가하는 것입니다.

하나님은 대홍수 이후로 인간들에게 함부로 피를 흘리지 말 것을 명령합니다. 피가 들어 있는 살코기를 그대로 먹어서는 안 되며, 살인을 하거나 임의로 동물의 피를 흘려서도 안 되었습니다. 더 이상 생명이 함부로 파괴되어서는 안 된다고 강조하신 것입니다.

"고기를 먹을 때에, 피가 있는 채로 먹지는 말아라. 피에는 생명이 있다. 생명이 있는 피를 흘리게 하는 자는, 내가 반드시 보복

하겠다. 그것이 짐승이면, 어떤 짐승이든지, 그것에게도 보복하
겠다. 사람이 같은 사람의 피를 흘리게 하면, 그에게도 보복하겠
다. 사람은 하나님의 형상대로 지음을 받았으니, 누구든지 사람
을 죽인 자는 죽임을 당할 것이다."

—「창세기」 9장 4-6절

하지만 인간의 역사는 하나님의 이러한 기대와는 다른 방향으로
나아갑니다. 인간들은 대홍수 이전으로 되돌아가서 여전히 살육과 파
괴의 역사를 써 나갔으며, 자신들의 힘으로 하나님의 자리까지 차지
하고자 했습니다. 이를 잘 보여 주는 것이 바벨탑 사건입니다.

하늘까지 닿는 탑을 세우다
바벨탑 이야기

원역사의 마지막 장에 해당하는 「창세기」 11장에는 바벨탑 이야기가 등장합니다. 11장은 태고의 역사에서 인간의 역사로 들어가는 문턱에서 일어난 일들에 대한 이야기라고 할 수 있습니다. 태고의 인류 역사에 대한 서술이 11장 바벨탑 사건에서 일단락된다면, 12장부터는 이스라엘 민족이라는 개별 민족의 역사에 초점을 맞추어서 역사가 기록됩니다. 그런 점에서 11장 바벨탑 사건은 원역사의 마지막 결론 부분이라 할 수 있겠습니다.

바벨탑 사건은 도시 문명 혹은 국가 문명을 어떻게 볼 것인가에 대한 통찰을 줍니다. 인간의 삶이 유랑 생활에서 정착 생활로, 즉 농경 생활로 바뀌면서 도시(국가) 문명을 건설하게 되는데, 바벨탑은 이러한 도시 문명의 성격을 가장 상징적으로 드러내고 있습니다. 대홍수 사건 이후로 인간들은 더 이상 "온 땅 위에 흩어지지 않게"(11장 4절) 하기 위해서 도시(국가)를 세우고 문명을 건설하였습니다. 바벨탑이라는 명칭은 바벨론 제국의 지구라트와도 밀접한 관련이 있습니다. 바벨론 제국을 비롯하여 고대 서아시아의 많은 제국은 지구라트라는 거대한 탑을 세웠습니다. 지구라트는 온 우주의 중심이자 하늘과 땅을 잇는 곳이며 인간과 신의 결합이 이루어지는 장소라고 생각한 것입니다. 바벨탑도 인간의 힘으로 하나님이 계신 하늘에까지 다다르고자 지어진 건축물이라는 점에서 지구라트와 공통점이 있습니다.

그런데 하나님은 이러한 바벨탑 공사를 중지시킴으로써 "(그들이) 하고자 하는 것"(6절)을 막고자 했습니다. 어째서일까요? 먼저 사람들이 무엇 때문에 바벨탑을 세우려 했는지부터 알아보기로 하지요. 바벨탑을 세우고자 모인 사람들은 이렇게 말합니다. "꼭대기가 하늘까지 닿는 탑을 세워 이름을 날리자. 그렇게 해서 우리가 온 땅 위에 흩어지지 않게 하자."(4절)

사람들이 하늘까지 닿도록 탑을 높이 세우려는 것은 하나님과 같은 절대자의 자리에 이르겠다는 의지의 표현입니다. 사실 하늘까지 닿는 탑이란 존재하지 않습니다. 인간의 힘으로는 불가능하기 때문입니다. 하지만 사람들은 이러한 불가능한 시도를 하겠다고 힘을 합쳤습니다. 이는 하나님처럼 세상에서 못 할 일이 없는 전능한 존재, 절대적인 존재가 되고 말겠다는 강렬한 야망에서 비롯한 것입니다. 그리고 이러한 탑을 세워서 "이름을 날리자."고 말합니다. 이름을 날리

피터르 브뤼헐, 「바벨탑」, 1563년.

자는 것은 단순히 자신들의 명성을 드높이자는 의미가 아닙니다. 그보다는 자신들이 세운 도시가 바로 자신들의 소유, 자신들의 왕국이라는 것을 대내외적으로 천명하겠다는 것입니다. 자신들이 그 도시의 진정한 주인임을, 자신들이 그 도시에서 하나님을 대신한 최고 주권자임을 만방에 선포하겠다는 표현인 것입니다.

그런 점에서 바벨탑을 세우려는 시도는 정확히 하나님을 겨냥하고

있었습니다. 바벨탑을 세운다면 이제 어느 누구도 인간에게 더 이상 위협이 되지 못할 것입니다. 심지어 하나님조차도 인간들을 어쩌지 못할 것이라고 생각했습니다. 예전처럼 대홍수가 닥치더라도 그렇게 쉽게 인류가 멸망하지 않으리라고 믿었습니다. 하늘 꼭대기까지 높이 솟은 바벨탑의 위용은 지상의 도시를 정복하고 신에게 대항한 인간들의 승리의 기념비가 되리라고 생각했습니다. "(그들이) 하고자 하는 것"(6절)이란 바로 이를 가리키는 것입니다.

바벨탑을 세우려는 시도에 대한 하나님의 반응에서도 인간들의 이러한 숨은 의도를 확인할 수 있습니다. "보아라, 만일 사람들이 같은 말을 쓰는 한 백성으로서, 이렇게 이런 일을 하기 시작하였으니, 이제 그들은, 하고자 하는 것은 무엇이든지, 하지 못할 일이 없을 것이다." (6절) 인간은 더욱 강한 힘으로 뭉쳐서 하나님처럼 온 땅 위에 군림할 것이며, 원하는 바에 따라 그 어떤 일도 서슴지 않을 것입니다. 하나님은 바벨탑을 세우려는 인간들의 이러한 시도를 예의 주시하면서, 그 위험성을 내다보고 있었던 것입니다.

바벨탑 사건 이후로 도시라는 공간은 모든 권력을 독점한 최고 주권자, 인간 자신이 지배하는 공간을 가리키게 됩니다. 이곳에서 "사람들이 같은 말을 쓰는" 것은 바벨탑을 중심으로 오직 하나의 목소리, 즉 권력을 독점한 지배자의 목소리만이 울려 퍼진다는 것을 뜻합니다. 독재자(dictator)란 본래 '말하는(dictate)' 자를 의미합니다. 독재자가 지배하는 사회에서는 독재자만이 유일하게 말하는 자가 되고 나머지 모든 사람은 독재자의 말을 들어야 하는 자가 됩니다. 따라서 이러한 사회에서는 오직 지배자의 언어만이 통용될 수 있습니다.

하나의 언어, 지배자의 언어는 일방적으로 명령하고 지시하는 폭력의 언어입니다. 고대 제국들은 대규모 건설 사업을 위해 각 지역에서 노예들을 약탈해 왔고, 그들을 지배하기 위해 오직 하나의 언어, 즉 지배자의 언어만을 사용하도록 하였습니다. 이를 통해 노예들이 작업 지시에 따르도록 하고 지배자에 대한 경외심을 갖도록 만들었던 것입니다. 바벨탑을 세우려는 사람들이 지향하는 바는 분명합니다. 바로 힘과 폭력에 기초한 문명을 이룩하는 것입니다.

그런데 이 시점에서 하나님이 개입합니다. "자, 우리가 내려가서, 그들이 거기에서 하는 말을 뒤섞어 놓아 그들이 서로 알아듣지 못하게 하자."(7절) 말을 뒤섞어 놓음으로써 하나의 언어, 지배자의 언어가 더 이상 소통될 수 없게 만드는 것입니다. 사람들은 서로의 언어를 알아듣지 못하게 됨으로써 하나의 공동 목표를 추구할 수 없게 되었습니다. 하늘에 대항하는 지상의 힘은 하나로 뭉칠 수 없게 된 것입니다. 바벨탑을 쌓으려던 사람들의 시도는 모두 수포로 돌아갑니다. 이 장면은 훗날 유다 왕국의 이사야 예언자가 바벨론 제국의 왕을 조롱하며 선포했던 예언을 연상시킵니다.

네가 평소에 늘 장담하더니 '내가 가장 높은 하늘로 올라가겠다. 하나님의 별들보다 더 높은 곳에 나의 보좌를 두고, 저 멀리 북쪽

끝에 있는 산 위에, 신들이 모여 있는 그 산 위에 자리 잡고 앉겠
다. 내가 저 구름 위에 올라가서, 가장 높으신 분과 같아지겠다.'
하더니, 그렇게 말하던 네가 스올로, 땅 밑 구덩이에서도 맨 밑바
닥으로 떨어졌구나.

—「이사야」 14장 13-15절

　바벨탑 이야기는 인간의 문명 안에 자리한 '휘브리스', 즉 하나님처
럼 절대자가 되어 군림하려는 문명에 대한 경고라고 할 수 있습니다.
인간은 바벨탑을 만들어서 힘과 폭력에 바탕을 둔 도시 문명을 건립
하고자 했습니다. 그것은 대홍수 이전보다 더 강력하고도 파괴적인
힘으로 나타날 것입니다. 이러한 도시 문명은 역사 속의 거대 제국들
을 연상시킵니다. 대다수 백성들을 최고 지배자를 위한 각종 노역에
동원시키고 더 많은 세금을 수탈해 갑니다. 더 큰 권력과 더 많은 소
유를 위한 더 많은 전쟁과 살육이 온 땅 위를 뒤덮습니다.

　바벨탑은 절대자처럼 되려는 인간의 욕망이 고스란히 투영된 도시
문명을 상징하는 건축물입니다. 물론 모든 도시 문명이 바벨탑과 같
았던 것은 아닙니다. 평화롭고 풍요로운 도시 문명도 존재했었습니
다. 하지만 도시 문명에는 늘 바벨탑을 세우려는 열망이 담겨 있다는
사실을 간과해서는 안 됩니다. 하나님은 이처럼 파멸의 길을 향해 가
는 인간의 역사를 멈추고자 하셨습니다. 대홍수 사건과 마찬가지로
바벨탑 사건 역시 하나님에 의해서 인간의 역사가 중단된 사건입니

다. 도시 문명이 갖는 이러한 위험성을 미리 경고한 것이라고 할 수 있겠습니다.

발터 벤야민이라는 독일 사상가는 혁명에 대해 다음과 같이 묘사했습니다. "마르크스는 혁명이 세계사의 기관차라고 말했다. 그러나 어쩌면 사정은 그와는 아주 다를지 모른다. 아마도 혁명은 이 기차를 타고 여행하는 사람들이 잡아당기는 비상 브레이크일 것이다."(「역사의 개념에 대하여」) 역사의 발전(evolution)을 멈추고 이를 뒤집는 메시아적 사건으로서의 혁명(revolution). 그렇게 보자면, 어쩌면 대홍수 사건이나 바벨탑 사건도 벤야민이 말하는 이러한 혁명에 속할 수 있지 않을까요? 파멸을 향해 쉼 없이 질주하는 인간의 역사에 급작스럽게 하나님께서 비상 브레이크를 건 사건이니까요. 역사의 진정한 도약을 향한 메시아적 사건인 셈이지요.

바벨탑 사건 이후로 사람들은 언어의 혼란을 겪으며 온 땅으로 뿔뿔이 흩어집니다. "하나님께서 거기에서 그들을 온 땅으로 흩으셨다. 그래서 그들은 도시 세우는 일을 그만두었다."(「창세기」 11장 8절) 유일한 언어, 독재자의 언어만이 통용되던 도시에 다양한 언어들이 나타났습니다. 다양한 언어는 서로의 소통을 불가능하게 만들 것이며 다양한 문명으로 이어질 것입니다. 이제 인간의 역사는 새로운 과제를 부여받습니다. 저마다 다양한 언어와 문명을 갖는다는 것은 혼란스럽고 고통스러운 일이 될 것이지만, 여전히 우리는 자신의 언어를 잃지 않으면서 서로의 언어가 소통될 수 있는 길을 찾아내야 합니다.

이는 인간이 짊어져야 할 지난한 과제입니다.

하나님처럼 절대자가 되고자 하는 열망, 그래서 인간이 인간을 지배하고 나아가 온 세상 위에 군림하려는 열망, 그로 인해 살육과 파괴를 서슴지 않는 인간. 그것이 바로 성서가 바라보는 인간 역사의 본질이라고 할 수 있습니다.

「창세기」의 원역사는 인간에게 커다란 질문을 던지고 있습니다. 인간은 과연 절대자가 되려는 열망인 휘브리스로부터 벗어날 수 있는가? 폭력과 살육으로 점철된 역사의 운명으로부터 벗어날 수 있는가? 오직 하나의 목소리만이 울려 퍼지는 일방적인 획일성이 아닌 다양성 속에서의 일치를 이룰 수 있을 것인가? 힘겨운 과정임에는 틀림없지만 우리는 그 해답을 찾아내야만 합니다. 이후에 전개될 이스라엘 민족의 역사는 인간이 그러한 해답을 찾는 과정이자 하나님께서 제시하는 해결책과 만나는 과정이기도 합니다. 이제부터 이스라엘의 역사 속으로 들어가 보기로 하지요.

2장

더 나은 삶을 향한 여정

—

삶의 축소판으로서의 「출애굽기」

출애굽 동안 일어난 기적을 표현한 산 마르코 대성당 모자이크화, 13세기.

광야에서 살아간다는 것

「창세기」가 하나님께서 바라본 인간의 역사에 대해 서술한다면, 「출애굽기」는 인간과 동행한 하나님의 역사에 대해 서술합니다. '애굽'이라는 단어는 일제강점기에 성서를 우리말로 번역할 때 이집트를 한자로 음차하여 표현한 '애급'이 변한 말입니다. 그러니까 '출애굽'이라는 것은 이스라엘 민족이 이집트를 탈출했다는 뜻입니다. 이스라엘 민족은 단순한 혈연 공동체가 아니라, 특정한 역사적 경험을 공유한 공동체입니다. 이집트에서 노예로 살아가던 히브리 사람들, 즉 이스라엘 민족은 자신들의 운명을 걸고 대탈출(Exodus)를 감행합니다. 하지만 이후로 광야를 40여 년 동안 배회하였고 온갖 어려움을 겪은 끝에 겨우 약속의 땅 가나안으로 들어갈 수 있었습니다. 이 모든 험난한 여정을 보여 주는 책이 바로 「출애굽기」입니다.

이집트에서 탈출한 이후 이스라엘 민족은 바로 '생존'의 문제에 직면했습니다. 아무것도 없는 황량한 광야에서 과연 어떻게 살아남을 수 있는지가 가장 중요한 문제였습니다. 하지만 하나님은 그들에게 생존의 문제보다 하나님께서 말씀하신 삶의 원칙, 즉 "하나님을 사랑하고, 이웃을 내 몸처럼 사랑하라."는 계명대로 살아가는 것이 더 중요하다고 하셨습니다.

이스라엘 사람들이 이를 그대로 수긍하고 받아들이기란 결코 쉽지 않았을 것입니다. 그들을 사로잡은 것은 굶주림과 죽음에 대한 공포였습니다. 그렇지만 생존의 문제를 최우선으로 두면서 어떠한 수단과 방법도 서슴지 않는다면 어떻게 될까요? 결국 약육강식의 법칙에 지배되고 말 것입니다. 이 문제를 둘러싼 이스라엘 사람들과 하나님의 갈등과 긴장이 「출애굽기」 전편에 걸쳐 흐르고 있습니다. 이는 특히 오늘날 나날이 격렬해지는 생존경쟁, 공동체 윤리의 상실과 관련하여 많은 시사점을 줍니다.

앞으로 살펴볼 출애굽 사건은 이스라엘 민족에게 가장 오래된, 그리고 가장 중요한 사건입니다. 그들에게는 일종의 민족 기원에 관한 이야기이면서 동시에 그들의 정체성이 무엇인지 설명해 주는 사건입니다. 성서에서 가장 많이 반복해서 언급되는 사건 또한 출애굽 사건입니다. 출애굽 사건에 대한 이해 없이는 신·구약 전체의 어떠한 내용도 온전히 이해되기 어려울 정도로 중요하다고 할 수 있습니다.

출애굽 사건은 이스라엘 민족만이 아니라 후대의 그리스도교인들에게도 가장 근원적인 사건으로 여겨졌습니다. 그래서 출애굽 사건은 서구 유럽의 역사에서 특정 집단이나 민족의 서사로 곧잘 변주되곤 했습니다. 영국 청교도들이 아메리카 대륙에 건너갈 때에도 그들은 스스로를 새로운 가나안 땅, 즉 아메리카로 나아가는 새로운 이스라엘 민족으로 간주했습니다. 일제강점기 식민지 조선의 그리스도교인들도 자신들을 고난 속에서 광야 생활을 하는 이스라엘 민족으로, 그리고 언젠가는 새로운 가나안 땅, 즉 독립된 조국을 맞이할 새로운 이스라엘 민족으로 여겼습니다.

이스라엘 민족에게 출애굽 사건이 어떤 의미를 갖는지 가장 인상적으로 보여 주는 구절은 「신명기」 26장 5-9절입니다. 이는 이스라엘 민족의 가장 오래된 신앙고백(신조)이기도 합니다.

내 조상은 떠돌아다니면서 사는 아람 사람으로서 몇 안 되는 사람을 거느리고 이집트로 내려가서, 거기에서 몸 붙여 살면서, 거기에서 번성하여, 크고 강대한 민족이 되었습니다. 그러자 이집트 사람이 우리를 학대하며 괴롭게 하며, 우리에게 강제 노동을 시켰습니다. 그래서 우리가 주 우리 조상의 하나님께 살려 달라고 부르짖었더니, 야훼께서 우리의 울부짖음을 들으시고, 우리가 비참하게 사는 것과 고역에 시달리는 것과 억압에 짓눌려 있는 것을 보시고, 강한 손과 편 팔과 큰 위엄과 이적과 기사로, 우리를 이집트에서 인도하여 내셨습니다. 야훼께서 우리를 이곳으로 인위의 구절에는 이스라엘 민족의 기원이 담겨 있을 뿐만 아니라 그들의 정체성도 표현되어 있습니다. '하나님은 어떤 분이신가? 이집트에서 노예로 살아가던 이스라엘 민족을 구원하신 분이다. 이스라엘의 선조는 땅을 떠돌며 방랑하던 나그네, 떠돌이에 불과하였다. 그런 이스라엘 민족에게 미래에 대한 희망을 주고 이를 역사 속에서 실현시키신 분이 바로 하나님이시다.' 이스라엘 백성들은 자손들에게 이 구절을 반드시 기억해야 한다며 대대로 반복해서 들려주곤 했습니다.

「출애굽기」는 아브라함의 후손들이 하나의 민족으로 형성되는 과정을 보여 줍니다. 여기서 「창세기」와 「출애굽기」는 중요한 차이점을 보여 주는데, 「창세기」가 아브라함, 이삭, 야곱으로 이어지는 개별 인물들에 초점을 맞추어 서술되었다면, 「출애굽기」는 이스라엘 민족이라는 특정한 공동체를 대상으로 하여 서술되었다는 점입니다. 아브라함의 자손들은 이스라엘이라는 하나의 혈연 공동체로 시작하지만, 광야에서의 긴 여정을 통해 전혀 다른 성격의 공동체로 변모합니다.

젖과 꿀이 흐르는 땅, 가나안을 향해
이집트 탈출

「출애굽기」 1, 2장에는 '히브리'라는 명칭이 자주 등장합니다. 이스라엘 민족을 히브리 사람이라고 부른다는 것은 '최하층민'으로 소개한다는 것을 의미하는데, 이에 주목할 필요가 있습니다. 하나님은 최하층민에 속하는 보잘것없는 히브리 사람들의 울부짖음을 들으시는 분이며, 그들이 겪는 고통으로부터 속히 구출해 주시는 분이라는 것입니다. 하나님은 모세에게 다음과 같이 자신을 소개합니다.

"나는 너의 조상의 하나님, 곧 아브라함의 하나님, 이삭의 하나님, 야곱의 하나님이다. (…) 나는 이집트에 있는 나의 백성이 고통받는 것을 똑똑히 보았고, 또 억압 때문에 괴로워서 부르짖는 소리를 들었다. 그러므로 나는 그들의 고통을 분명히 안다. 이제

내가 내려가서 이집트 사람의 손아귀에서 그들을 구하여, 이 땅
으로부터 저 아름답고 넓은 땅, 젖과 꿀이 흐르는 땅으로 (…) 데
려가려고 한다. 지금도 이스라엘 자손이 부르짖는 소리가 나에게
들린다. 이집트 사람들이 그들을 학대하는 것도 보인다. 이제 나
는 너를 바로에게 보내어, 나의 백성 이스라엘 자손을 이집트에
서 이끌어 내게 하겠다.”

―「출애굽기」 3장 6-10절

「출애굽기」는 하나님을, 이스라엘 민족을 고통과 압제로부터 구원
하신 분이자 새로운 미래의 희망을 제시하는 분으로 소개하고 있습
니다. 통상 고대 사회에서 신은 풍요를 약속하는 존재로 받아들여졌
습니다. 희생 제물을 바치고 제사를 드리면 신은 물질적 풍요를 제공
해 주는 존재였던 것입니다. 하지만 이스라엘의 신은 이와 달랐습니
다. 억압과 착취로 고통받는 존재들에게 관심을 보이면서 그들에게
해방을 가져다주는 존재로 나타난 것입니다. 이집트에서 노예로 강제
노역에 혹사당하던 이스라엘 민족에게 야훼는 해방자이자 구원자였
던 것입니다. 고대 사회에서의 신이 ‘현재’의 풍요를 제공해 주는 존
재였다면, 이스라엘의 야훼 하나님은 억압과 착취가 사라진 ‘미래’를
열어 주는 존재였다고 할 수 있겠습니다.

하나님은 이스라엘 민족을 이집트로부터 구출해 내어 가나안까지
이끌 지도자로 모세를 지명하셨습니다. 본래 모세는 이스라엘 출신으

로, 모세의 부모는 이스라엘의 갓 태어난 사내아이를 죽이라는 바로
왕의 명령을 피해, 몰래 모세를 갈대 요람에 담아 나일강에 떠내려 보
냅니다. 마침 강가에 있던 바로왕의 딸에게 발견되어 모세는 이집트
의 왕자로 자라납니다. 아기 모세가 누워 있던 갈대 요람(tevah)은 노
아의 방주(tevah)와 같은 단어인데, 이는 하나님이 노아의 방주로 구
원하신 것처럼 갈대 요람을 통해 이스라엘 자손을 억압과 고통으로
부터 구원한다는 상징적 의미를 담고 있습니다.

하나님께서 모세를 부르실 때, 모세에게 자신이 누구인지 알려 주
는 장면이 나오는데, 여기서 처음으로 자신의 이름을 '야훼'라고 소개
하고 있습니다.

모세가 하나님께 아뢰었다. "제가 이스라엘 자손에게 가서 '너희
조상의 하나님께서 나를 너희에게 보내셨다.' 하고 말하면, 그들
이 저에게 '그의 이름이 무엇이냐?' 하고 물을 터인데, 제가 그들
에게 무엇이라고 대답해야 합니까?" 하나님이 모세에게 대답하
셨다. "나는 곧 나다. 너는 이스라엘 자손에게 이르기를, '나'라고
하는 분이 너를 그들에게 보냈다고 하여라. (…) 너는 이스라엘
자손에게 이르기를 '야훼, 너희 조상의 하나님, 곧 아브라함의 하
나님, 이삭의 하나님, 야곱의 하나님이 나를 너희에게 보내셨다.'
고 하여라."

—「출애굽기」 3장 13-15절

하나님께서 모세에게 알려 준 '야훼'라는 명칭은 히브리어 '하야(hyh)'라는 동사에서 온 것으로, '~을 존재하게끔 하다', 또는 '~이 존재할 것이다'라는 의미를 지니고 있습니다. 그러니까 야훼 하나님은 모든 자연 만물을 존재하도록 하시고 만물이 살아가도록 하시는 분임을 나타내는 명칭입니다. 이스라엘 민족에게 야훼 하나님은 억압과 고통으로 죽어 가는 자신들을 구원하여 살려 낸 분이었습니다. 1장에서 살펴본 「창세기」에서도 하나님은 모든 존재들에게 생명을 선사하신 분이었습니다.

이를 유월절(踰越節) 절기와 관련지어 살펴볼 수 있습니다. 흔히 「출애굽기」를 상징하는 사건으로 홍해가 둘로 갈라진 이야기를 꼽지만, 성서 전체의 맥락에서 보자면 열 번째 재앙, 즉 모든 '처음 난 것'의 죽음이 더 큰 중요성을 갖습니다. 이집트 바로왕을 찾아간 모세는 이스라엘 백성을 노예에서 풀어 줄 것을 요구하였지만 거절당하였습니다. 바로왕이 모세의 요구를 거절할 때마다 이집트에는 각종 재앙이 닥쳤는데, 열 번째에는 첫 번째로 난 자식이 죽는 재앙이 닥친 것입니다. 결국 바로왕은 이스라엘 민족을 풀어 줍니다. 이를 기념하는 절기가 바로 유월절입니다.

유월절이란 명칭은 '넘어가다(passover)'라는 의미를 지니고 있습니다. 문의 두 기둥에 양의 피를 바른 이스라엘 가정의 모든 '처음 난 것'은 죽음을 면할 수 있었지만, 이집트 가정의 모든 '처음 난 것'은 모두 죽게 되었습니다. 동물의 첫 새끼들도 예외가 아니었습니다. 사람들은 그날 밤을 일컬어 '야훼의 밤'이라고 불렀습니다.(12장 42절) 야훼의 손길을 통해 죽음을 넘어서 이스라엘 자손의 생명을 구하게 되었음을 의미하는 것이지요. 이후로 유월절은 이스라엘의 모든 제의와 절기, 각종 규례 등의 근간을 이룹니다. 구약성서에 나오는 희생 제물을 바치고 이를 나누어 먹으며 피를 뿌리는 제의는 그날의 사건을 그대로 반복하는 방식으로 진행됩니다. 이집트의 첫 번째 자식의 죽음, 그리고 탈출을 감행하여 홍해를 건너는 이야기까지 3일 동안 이어지는 사건들은 이스라엘 민족의 역사에서 가장 강렬한 기억으로 자리 잡았습니다.

이스라엘 사람들은 유월절 이후 7일 동안 누룩이 들어가지 않은 빵을 먹는데, 이를 무교절이라고 부릅니다. 유월절 규례에 따르자면, 음식을 먹을 때에는 고기를 구워서 급히 먹되 복장은 최대한 간편하게 입고 서둘러 먹어야 합니다. "너희가 그것을 먹을 때에는 이렇게 하여라. 허리에 띠를 띠고, 발에 신을 신고, 손에 지팡이를 들고, 서둘러서 먹어라. 유월절은 주 앞에서 이렇게 지켜야 한다."(12장 11절) 유월절에 누룩이 들어가지 않은 빵을 먹는 것은 급히 탈출해야 했기 때문입니다. 누룩을 넣어 발효될 때까지 기다릴 시간이 없었던 것입니다. "그들은 이집트에서 가지고 나온 부풀지 않은 빵 반죽으로 누룩을 넣지 않은 빵을 구워야 하였다. 그들은 이집트에서 급히 쫓겨 나왔으므로, 먹을거리를 장만할 겨를이 없었다."(12장 39절)

이처럼 유월절 절기에 지켜야 하는 복장이나 음식은 이집트에서

하위브레히트 뵈클레어, 「유월절 연회」, 1563년.

최대한 신속하게 탈출하기 위해 반드시 요청되었던 생활 규칙이었습니다. 그리고 이는 이후에 이어질 40여 년간의 광야에서의 생활을 예고하는 것이기도 했습니다. 일상의 생계에 대한 염려로부터 벗어나 하나님의 말씀을 따르며 살아가는 것, 그것이 광야를 살아가는 이스라엘 민족에게 가장 중요한 삶의 방식이었던 것입니다. 예수님의 제자들이나 중세 수도사들에게서도 이런 간소한 복장을 발견할 수 있는데, 이는 그들이 '광야 생활'에서의 초심을 잃지 않으려는 자세를 보여 줍니다.

노예 시절을 그리워하며 40년을 떠돌다
광야 생활

이스라엘 민족에게 광야에서의 40년은 방황이나 징벌의 시간이 아니라 단련의 시간으로 주어졌습니다. 그들은 하나님과 체결한 새로운 계약에 따라 각종 규례와 계명을 몸소 지키며 살아갈 것을 요구받았습니다. 이제 그들은 광야 생활에서 배고픔과 목마름, 각종 질병과 외적의 침입, 공동체 내부의 갈등을 맞닥뜨리게 되었습니다.

문제는 하나님께서 전해 준 말씀을 듣고서 머리로 수긍하는 것에서 끝나는 것이 아니라, 그 말씀 그대로 현실에서 몸소 살아 내는 데 있었습니다. 하나님의 말씀대로 살아가는 공동체가 되려면 여러 가지 현실적인 어려움과 과제들을 마주할 수밖에 없었던 것입니다. 광야 생활이란 이집트의 노예로 살아가던 삶의 방식에서 벗어나 하나님께서 요구하는 삶의 방식대로 살아가는 것을 의미했습니다. 이를 위해 생존을 내건 기나긴 여정을 출발한 것입니다. 모세는 이스라엘 민족에게 광야 생활이 갖는 의미를 다음과 같이 설명합니다.

"당신들은 오늘 내가 당신들에게 명하는 모든 명령을 잘 지키십시오. 그러면 당신들이 살아서 번성할 것이며, 주님께서 당신들 조상에게 약속하신 땅에 들어가서 그 땅을 차지할 것입니다. 당신들이 광야를 지나온 40년 동안, 주 당신들의 하나님이 당신들을 어떻게 인도하셨는지를 기억하십시오. 그렇게 오랫동안 당신들을 광야에 머물게 하신 것은, 당신들을 단련시키고 시험하셔서, 당신들이 하나님의 계명을 지키는지 안 지키는지, 당신들의 마음속을 알아보려는 것이었습니다. 주님께서 당신들을 낮추시고 굶기시다가, 당신들도 알지 못하고 당신들의 조상도 알지 못하는 만나를 먹이셨는데, 이것은, 사람이 먹는 것으로만 사는 것이 아니라 주님의 입에서 나오는 모든 말씀으로 산다는 것을, 당신들에게 알려 주시려는 것이었습니다."

—「신명기」 8장 1-3절

광야로 들어선 지 얼마 되지 않아서 이스라엘 사람들이 가장 먼저 직면한 문제는 음식이었습니다. 광야에 음식이 제대로 있을 리가 없습니다. 그래서 백성들 사이에서 "마실 물이 부족하다.", "배불리 먹고 싶다.", "고기를 먹게 해 달라.", "이렇게 고생하며 살 바에야 차라리 이집트 노예 시절이 더 낫겠다.”는 불평이 쏟아져 나왔습니다.

"차라리 우리가 이집트 땅 거기 고기 가마 곁에 앉아 배불리 음
식을 먹던 그때에, 누가 우리를 주님의 손에 넘겨주어서 죽게 했
더라면 더 좋을 뻔하였다. 그런데 당신들은 지금 우리를 이 광야
로 끌고 나와서, 이 모든 회중을 다 굶어 죽게 하고 있다.”

—「출애굽기」 16장 3절

이스라엘 백성들은 몹시 목이 말라서, 모세를 원망하며, 모세가
왜 그들을 이집트에서 데려왔느냐고, 그들과 그들의 자식들과 그
들이 먹이는 집짐승들을 목말라 죽게 할 작정이냐고 하면서 대
들었다.

—「출애굽기」 17장 3절

백성들의 원성을 외면할 수 없었던 모세는 하나님께 이 문제를 해
결해 달라고 간청하였습니다. 그리하여 하나님으로부터 '만나'라는
것이 주어지게 되었습니다. '만나'라는 단어는 고대 히브리어로 '이것
이 무엇이냐'라는 뜻인데, 평소에 볼 수 없었던 생소한 것이라서 이스
라엘 사람들이 그렇게 이름을 붙인 것입니다. 하얀 곡식 가루처럼 생
긴 '만나'는 매일 아침이면 어김없이 눈처럼 들판에 소복이 쌓였습니
다. 많지도 적지도 않게, 딱 하루 동안 먹을 만큼만 가져갈 수 있었습

니다. 저마다 자기 식구 수에 따라 가져가면 되었습니다. 하지만 그 이후에도 여전히 불평은 끊이지 않았습니다. "누가 우리에게 고기를 먹여 줄까? 이집트에서 생선을 공짜로 먹던 것이 기억에 생생한데, 그 밖에도 오이와 수박과 부추와 마늘이 눈에 선한데, 이제 우리 눈에 보이는 것이라고는 이 만나밖에 없으니, 입맛마저 떨어졌다."(「민수기」 11장 4-6절) 모세는 다시 하나님께 도움을 간청하였고, 하나님은 그들에게 메추라기를 보내 주셨습니다.

하나님께서 보내 주신 만나와 메추라기는 단 하루 동안만 먹을 수 있었습니다. 남은 것은 그다음 날 다 썩어 버렸기에 모두 내다 버릴 수밖에 없었습니다. 만나와 메추라기를 더 갖겠다고 욕심 부려 보았자 소용없었습니다. 따라서 남은 음식을 저장하는 것만큼은 철저하게 금지되었습니다.

이는 우리에게 재산에 관한 매우 중요한 원칙을 시사해 줍니다. 우리는 역사에서 생존을 위해 필요한 것 이상의 잉여 재산, 즉 부의 사적인 축적이 어떻게 사용되어 왔는지 잘 알고 있습니다. 다른 사람에게 높은 이자를 받고 빌려주거나, 아니면 자신의 재산을 늘리는 데 필요한 노동력을 구하고자 사용되었던 것이지요. 나아가 군대를 양성하여 다른 부족을 침략하고 약탈하는 데 쓰였습니다. 이처럼 필요 이상의 개인적 부의 축적은 또 다른 대립과 투쟁을 만들어 냈습니다.

하나님께서 이스라엘 사람들에게 주셨던 만나는 이러한 잉여 재산이 축적될 여지를 아예 없애 버렸습니다. 먹고 남은 것을 남겨 몰래 숨기는 경우에는 여지없이 벌레와 악취가 풍겨 났습니다. 따라서 잉여 재산이 생기는 것 자체가 불가능했던 것이지요. 이는 생존을 위해 꼭 필요한 만큼만 소유하고, 그 밖의 활동은 하나님이 가르쳐 주신 삶의 원칙을 실천하는 데 전념하라는 의미로 이해될 수 있습니다. 사람이란 먹는 것으로 사는 존재가 아니라, 하나님의 말씀으로 살아가는 존재라는 것입니다.(「신명기」 8장 3절)

하나님께서 이스라엘 민족에게 가르쳐 준 삶의 원칙을 가장 간결하게 요약하자면, "하나님을 사랑하고, 이웃을 내 몸처럼 사랑하라." 입니다. 이를 다시 구체적인 항목으로 구분하여 명문화한 것이 이른 바 '십계명'입니다. 하나님은 시나이산으로 모세를 불러서 십계명이 새겨진 두 개의 돌판을 주셨습니다. 여기서 십계명의 선포는 하나님의 일방적인 명령이 아니라 양쪽의 계약 체결 형식으로 진행되었습니다. 십계명으로 상징되는 하나님의 율법과 말씀을 따른다면 가나안 땅에서 평화를 누리며 살아가겠지만, 이를 어길 시 가나안 땅에서 정착하지 못하고 결국 쫓겨나게 될 것입니다. 이는 하나님께서 직접 이스라엘 민족과 약속한 계약이었습니다.

그런데 모세가 시나이산에서 하나님으로부터 십계명을 받는 동안, 산 아래에 있던 모세의 형 아론과 이스라엘 사람들이 금송아지를 만들어 이를 야훼라고 부르며 숭배하는 사건이 일어납니다. "이스라엘아! 이 신이 너희를 이집트 땅에서 이끌어 낸 너희의 신이다."(「출애굽기」 32장 4절) 가나안은 풍요의 제국 그 자체였습니다. 정착 농경문화를 기반으로 찬란한 문명을 꽃피워 낸 가나안의 위용과 비교하자면 떠돌이 유랑민이던 이스라엘 사람들의 처지는 초라하기 그지없었습니다. 특히 가나안 문화에서 풍요를 상징하는 신 가운데 최고의 신은 바알(Baal)이고, 바알을 상징하는 동물이 바로 송아지였던 것입니다. 금으로 송아지를 만들고 이를 야훼라고 부르면서 숭배하는 것은, 하나님보다 자신들의 탐욕, 즉 금을 더 숭배하겠다는 것을 의미했습니다. 자신들에게 금과 풍요를 보장해 준다면 그게 무엇이든 상관없이 숭배하겠다는 것이었습니다. 이 일로 이스라엘 민족은 하나님의 크나큰 분노를 사고 말았습니다.

여기서 이른바 '노예근성'에 대해 생각해 볼 수 있습니다. 이스라엘 사람들은 광야에서 굶주리면서 야훼의 백성으로 살기보다는, 차라리 이집트의 노예로 배부르게 사는 게 낫겠다고 울부짖었습니다. 오랫동안 노예로 살아오면서 몸에 밴 노예근성은 자신의 삶을 개척하는 주인으로 살기보다, 자신의 생존에 유리한가 불리한가에 따라 판단하고 행동하도록 이끕니다.

노예의 삶과 주인의 삶은 단순히 신분이나 계급의 문제만은 아닙니다. 노예로 살아가는 주인이 있는가 하면, 주인으로 살아가는 노예도 있기 때문입니다. 노예의 삶에서 진정으로 해방되려면 스스로 자신의 삶을 개척해 나가는 주인의 삶을 살아야 합니다. 오랜 기간 이집트 노예로 살아온 이스라엘 사람들이 진정으로 해방되려면 이러한 노예근성으로부터도 자유로워져야 했던 것입니다. 그런 점에서 이스라엘 사람들에게 광야 생활 40년은 이러한 노예근성과 싸우는 시간이기도 했습니다.

하지만 노예근성이란 하루아침에 금방 사라질 수 있는 것이 아닙니다. 매 순간 다가오는 유혹과의 길고 긴 싸움이기도 하고, 그동안 살아온 방식 전체를 바꿔야만 하는 일이기 때문입니다. 특히 노예들은 스스로 주인으로 살아가지 못하기에 늘 자신들이 숭배할 새로운 우상을 만들어 냅니다. 때로 물질적 풍요를 상징하는 주변 국가들의 신이기도 했고, 절대적인 힘을 지닌 정치권력이기도 했으며, 타민족을 악으로 규정하는 배타적 민족주의이기도 했습니다.

구약성서 전반에 걸쳐 우상숭배를 철저하게 배격하는 것도 이와 관련이 있습니다. 성서의 우상 파괴 전통은 우리 눈에 보이는 그 어떤 존재라도 결코 절대자일 수 없음을 강조합니다. 세상에 존재하는 그 어떤 자연 만물도 하나님일 수 없다는 것입니다. 이스라엘 민족에게 절대자는 눈에 보이지 않는 신, 야훼 하나님 한 분일 따름입니다. 하나님이 아닌 자연 만물을 하나님처럼 숭배하는 것, 그것은 결국 인간 자신이 만들어 낸 탐욕을 신성시하고 숭배하는 것에 불과합니다. 그것이 성서에서 그토록 배격하고자 하는 우상숭배입니다.

그런데 이스라엘 사람들이 만든 금송아지, 곧 바알에 대한 태도가 바로 그러한 우상숭배에 해당하는 것이었습니다. 먹고 입을 것보다 말씀을 더 중시하는 야훼 하나님보다는, 물질적 풍요와 번영을 제공하는 주변 국가들의 신을 섬기고자 하였습니다. 하나님보다 자신들의 탐욕을 더 숭배했던 것이지요. 구약의 예언자들은 훗날 이러한 우상숭배가 이스라엘 민족이 패망하는 원인이었다고 지적합니다. 예언자들이 타민족과의 결혼이나 타문화의 유입을 그토록 경계하는 이유이기도 했습니다. 앞으로 살펴보겠지만 이스라엘 민족은 이러한 우상 파괴의 전통을 단순히 타민족, 타문화에 대해 공격적이고 배타적인 태도를 강화하는 자민족 중심주의, 유대 순혈주의로 변질시키고 말았습니다.

모세가 금송아지를 부수는 장면을 표현한 삽화, 1445년.

사실 우상 파괴의 전통은 바벨론 제국의 억압에 대한 저항에서 비롯되었습니다. 바벨론 제국은 하늘과 땅, 해, 달, 별, 그리고 동식물 등을 숭배하던 다신교 사회였습니다. 바벨론 제국의 지배 아래 포로로 끌려와 있던 이스라엘 민족은 지극히 폭력적이고 잔학한 다신교 사회를 경험하였습니다. 이스라엘 민족의 다신교에 대한 강한 적대감은 여기서 비롯되었습니다.

메소포타미아-바빌론 신화에서 인간은 불온한 피와 진흙으로 만들어진 열등한 존재였으며, 하늘신, 땅신, 바다신, 태양신, 각종 동물신 등이 인간을 도구로 삼아서 세상을 지배하는 것으로 묘사하고 있습니다. 바벨론 제국의 포로로 끌려온 이스라엘 사람들은 해와 달, 온갖 동식물을 숭배하면서 자신들을 가혹하게 통치하던 그들의 종교를 아무런 반감 없이 받아들일 수는 없었을 것입니다. 게다가 이스라엘 민족을 패망시킨 제국의 종교이자 통치 방식이었으니 더더욱 그러했을 것입니다.

구약성서에서는 동물이 인간을 지배하는 다신교 사회를 능가할 종교로 엘로힘 신앙을 강조합니다. 즉, 인간은 다른 자연 만물보다도 우월한 존재로서 하나님(엘로힘)의 형상을 따라 창조된 존재라는 것입니다.(「창세기」 1장) 사람이 엘로힘의 형상이자 엘로힘과 유사하다고 하는 것은 무엇을 의미할까요? 고대 사회에서 신의 형상은 신의 대리자임을 뜻했습니다. 특히 왕을 신의 대리자라고 하였습니다.(고대 이집트나 메소포타미아의 왕국들, 로마제국에 이르기까지 최고 권력자인 왕은 자신이 직접 권력을 행사할 수 없는 곳에 자신들의 형상인 조형물을 세우곤 하였습니다.) 따라서 인간을 신의 형상이라고 하는 것은 더 이상 왕을 특권적인 존재로 간주하지 않는다는 의미입니다. 즉, 모든 인간이 동등하게 신의 대리자라는 것입니다.

'우상 파괴'나 앞서 언급한 '만나' 이야기는 이스라엘 민족을 새로운 공동체로 만들기 위한 훈련 과정입니다. 이러한 훈련을 잘 견디면 새로운 공동체가 되어 가나안 땅에 들어가겠지만, 그렇지 못하다면 광야 생활의 모든 수고는 결국 허사로 돌아갈 것입니다. 이스라엘 민족은 과연 가나안 땅에 들어가는 데 성공할 수 있었을까요?

사실 40여 년 동안의 광야 생활은 여러 갈등과 분란, 시행착오들로 점철된 시간이었습니다. 이집트 노예에서 해방될 당시만 하더라도 앞으로 자신들이 살아갈 약속의 땅 가나안에 대한 희망으로 가득했었습니다. 하지만 고된 여정을 거치면서 하나님이 원하는 새로운 공동체가 되는 일이 결코 쉽지 않음을 느끼게 되었습니다. 이집트에서 출발할 당시에 함께했던 많은 사람이 이미 세상을 떠나고 없었습니다. 또 많은 자손이 광야에서 태어나기도 했습니다. 이미 세월이 흘렀고, 언제 가나안에 도착할 수 있는지 알 수 없었습니다. 광야 생활이 가져다주는 두려움과 공포, 그리고 가나안으로 가는 여정에 대한 회의감이 그들을 사로잡았던 것입니다. 급기야는 이집트 노예 시절을 그리워하는 아이러니한 상황까지도 나타나게 되었습니다. 그것도 천신만고 끝에 가데스 바네아에 도착하여 가나안을 목전에 둔 상황에서 말

입니다. 어째서일까요?

이스라엘의 각 지파 지도자들은 정탐꾼을 보내어 가나안 지역의 상황을 살펴보았습니다. 정탐꾼들에 따르면, 그곳에 사는 사람들이 모두 키가 장대같이 크고 힘이 세어, 볼품없이 왜소한 자신들은 그들 눈에 메뚜기처럼 보일 것이라고 하였습니다.(「민수기」 13장 26-33절) 가나안에 들어가 보았자 그들과 겨루어 살아남기 어려우리라는 것입니다. 따라서 가나안에서 싸우다 죽느니 차라리 이집트로 되돌아가자고 했던 것입니다.(14장 1-3절)

여기서 많은 의문이 떠오릅니다. 원래 이스라엘 민족이 비겁한 민족인 것일까요? 그들이 여전히 노예근성에 찌들어서 그런 것일까요? 그러면 하나님은 어째서 세상의 용맹한 민족들을 놔두고 이렇게 못난 민족을 선택했을까요? 구약성서는 하나님이 이스라엘 민족을 택한 이유가 그들이 숫자가 많거나 혹은 특별한 자질이나 역량이 있기 때문이 아니라고 말합니다. 오히려 다른 민족들보다 특별할 것이 없기 때문에 그들을 선택했다는 것이지요. 이스라엘 사람들은 우리와 마찬가지로 고난과 어려움 앞에서 때로는 흔들리고 좌절하며 때로는 유혹과 탐욕에 빠지는 지극히 평범한 사람일 따름입니다. 그런 평범한 사람들로 이루어진 이스라엘 민족을 하나님이 생각하는 새로운 공동체로 만드는 것이 「출애굽기」의 가장 큰 관심사였습니다.

그런 점에서 출애굽 여정의 결과는 이미 예고된 것이나 다름없었습니다. 이스라엘 사람들이 광야 생활에서 보인 모습은 충분히 예상

할 수 있는 것이었지요. 가나안 땅 바로 앞에서 벌벌 떨면서 다시 이집트로 되돌아가자고 부르짖는 모습은 어찌 보면 너무나도 '인간적'입니다. 그런데 역설적이게도 하나님이 주로 관심을 갖는 대상이 바로 이러한 유형의 인간입니다. 하나님은 너무나도 인간적인 이스라엘 민족과 끝까지 동행하시기로 하였습니다. 성서는 인간이 겪는 온갖 유혹과 시련, 고통과 좌절에 대해 하나님께서 귀를 기울이고 이를 외면하지 않는다는 점을 반복해서 상기시킵니다.

이제 기나긴 광야의 여정도 막을 내리게 되었습니다. 모세를 비롯한 출애굽 1세대는 가나안 땅을 밟아 보지도 못한 채 40년간 이어진 광야에서의 삶을 마감하였고, 여호수아와 갈렙, 그리고 광야에서 태어난 출애굽 2세대들이 가나안에 들어갈 자격을 얻게 되었습니다. 그들이 가나안 시대의 새로운 주인공이 될 것입니다.

희년, 기쁨의 해에 대하여

하나님은 이스라엘 민족에게 새로운 율법과 규례를 부여하셨습니다. 하나님의 말씀을 실천하는 새로운 공동체로 거듭나려면, 그에 걸맞은 삶의 규칙이 있어야 했기 때문입니다. 이러한 율법과 규례들에는 광야에서 지내는 기간만이 아니라 앞으로의 모든 생활에서 지켜야 할 기본적인 원칙들이 담겨 있습니다.

이는 크게 두 가지로 나뉩니다. 하나는 제의에 대한 규정으로 각종 제의 및 성막에 들어가는 물품의 목록과 제의를 드리는 방식에 대해 상세히 설명하고 있습니다. 다른 하나는 일상생활에서 지켜야 하는 윤리 원칙 및 삶의 규칙들입니다. 특히 고대 유목민들로부터 전해져 내려온 공동체 윤리가 그 기본 바탕이 되고 있습니다. 타민족 출신, 고아와 과부, 가난한 사람 등을 각별히 배려할 것을 강조합니다. 이를 통해 우리는 하나님께서 이스라엘 민족을 통해 구현하려는 바람직한 사회의 상이 무엇인지 알 수 있습니다.

우선, 하나님께서는 외지에서 온 나그네를 억압하거나 학대해서는 안 된다는 점을 말씀하셨습니다. 낯선 사람들이라고 해서 차별하거나 배척하지 말고 동족인 이스라엘 사람을 대하듯 적극적으로 환대하라는 것입니다. 하나님은 이스라엘 민족이 과거에 낯선 땅에서 떠돌이로 살아가던 나그네였다는 점을 여러 번 반복하여 상기시킵니다. "너희는 너희에게 몸 붙여 사는 나그네를 학대하거나 억압해서는 안 된다. 너희도 이집트 땅에서 몸 붙여 살던 나그네였다."(「출애굽기」 22장 21절) "너희가 나그네를 사랑해야 하는 것은, 너희도 한때 이집트에서 나그네로 살았기 때문이다."(「신명기」 10장 19절) "너희와 함께 사는 그 외국인 나그네를 너희의 본토인처럼 여기고, 그를 너희의 몸과 같이 사랑하여라. 너희도 이집트 땅에 살 때에는 외국인 나그네 신세였다."(「레위기」 19장 34절)

율법이 가진 이러한 환대의 전통은 주변의 고대 서아시아 사회들에서 쉽게 만날 수 있습니다. 이곳은 부족들 간의 크고 작은 전쟁이나 도적들의 약탈 등이 아주 자주 일어나는 곳이었습니다. 고향을 잃고 떠도는 나그네나 타민족 출신 사람들은 이러한 상황에서 힘겹게 살아갈 수밖에 없었고 그 어디서도 도움을 받기 어려웠습니다. 나그네나 타민족 출신 사람들을 각별히 환대하는 전통이 만들어진 것도 바로 이러한 이유 때문이었습니다. 언젠가 처지가 바뀌어 자신들이 나

모세와 십계명이 표현된 이스라엘 유대교 회당.

그네 신세가 되었을 때 그들로부터 도움을 받는 일종의 사회적 신뢰를 구축하는 장치였던 셈입니다. 그런 점에서 환대의 윤리는 고대 서아시아 사회에서 사회적 약자들을 보호하는 매우 중요한 역할을 하였습니다.

뿐만 아니라, 하나님께서는 이스라엘 사람들에게 이집트인들에 대한 증오나 복수심을 갖지 않도록 각별히 당부하셨습니다. 과거 이집트의 노예로 살았던 시절을 기억하라고 하신 이유도 이집트인들에 대한 증오나 복수심을 되새기기 위함이 아니었습니다. 나그네라면 심지어 이집트 출신이더라도 그들을 차별하거나 배척하지 말라는 것이었습니다. "이집트 사람을 미워해서도 안 된다. 너희가 그들의 땅에서 나그네로 살았기 때문이다. 그들에게서 태어난 삼대 자손들은 주의 총회 회원이 될 수 있다."(「신명기」 23장 7-8절)

사실 이집트에서 탈출할 당시 모세가 이끌고 나온 무리들에는 이스라엘 민족만이 아니라 타민족 출신들도 섞여 있었습니다. "그 밖에도 다른 여러 민족들이 많이 그들을 따라 나섰고, 양과 소 등 수많은 집짐승 떼가 그들을 따랐다."(「출애굽기」 12장 38절) 출애굽 이후의 이스라엘 민족은 여러 민족이 뒤섞여 만들어진 공동체였습니다. 그러므로 이스라엘 사람들이 외지로부터 온 나그네를 홀대하거나 타민족 출신 사람들을 차별하는 것은 더욱 부당하다는 것입니다.

율법에서 발견되는 또 다른 윤리적 특징은 사회적 약자, 특히 고아와 과부 및 가난한 사람들에 대한 지대한 관심입니다. 하나님은 약자들의 부르짖음에 먼저 귀를 기울이겠다고 말씀합니다.

"너희는 과부나 고아를 괴롭히면 안 된다. 너희가 그들을 괴롭혀서, 그들이 나에게 부르짖으면, 나는 반드시 그들의 부르짖음을 들어주겠다. (…) 너희가 너희 가운데서 가난하게 사는 나의 백성에게 돈을 꾸어 주었으면, 너희는 그에게 빚쟁이처럼 재촉해서도 안 되고, 이자를 받아도 안 된다. 너희가 정녕 너희 이웃에게서 겉옷을 담보로 잡거든, 해가 지기 전에 그에게 돌려주어야 한다. 그가 덮을 것이라고는 오직 그것뿐이다. 몸을 가릴 것이라고는

그것밖에 없는데, 그가 무엇을 덮고 자겠느냐? 그가 나에게 부르
짖으면 자애로운 나는 들어주지 않을 수 없다."

크고 작은 전쟁에서 남자들이 전사하는 경우가 많았고, 이 때문에
과부와 고아의 숫자가 늘어나게 되었습니다. 나그네나 타민족 출신과
마찬가지로, 과부나 고아, 가난한 사람들도 공동체에서 무시되거나
배제되기 쉬울 수밖에 없습니다. 그래서 아예 이들을 돕는 것을 율법
으로 의무화하였던 것입니다. 그 대표적인 예가 십일조 규정입니다.
이스라엘 민족은 소득의 십분의 일을 반드시 내야 했는데, 그 용도는
종교적 직무를 전담하는 레위 지파와 나그네, 고아 및 과부 등 사회적
약자를 돕는 데 있었습니다.

"너희는 매 삼 년 끝에 그해에 난 소출의 십일조를 다 모아서 성
안에 저장하여 두었다가, 너희가 사는 성안에, 유산도 없고 차지
할 몫도 없는 레위 사람이나 나그네나 고아나 과부들이 와서 배
불리 먹게 하여라."

—「신명기」 14장 28-29절

"너희는 너희의 모든 소출에서 열의 하나를 따로 떼어서, 그것을
레위 사람과 외국 사람과 고아와 과부에게 나누어 주고, 그들이,

너희가 사는 성안에서 마음껏 먹게 하여라."

—「신명기」 26장 12절

사회적 약자에 대한 구약성서의 관심을 잘 보여 주는 대표적인 사례는 안식년 제도와 희년 제도입니다. 우선 안식년 제도는 7년마다 모든 농사 행위를 중단함으로써 땅을 쉬게 하는 제도입니다. 이를 통해 땅 위에 살아가는 모든 생명체들이 쉼을 얻도록 하는 것입니다. 농사짓는 사람이나 가축, 노예, 외지에서 온 나그네 모두 다 쉬어야 합니다. 땅을 쉬게 하는 동안에 그곳에서 자라나는 곡식들은 가난한 사람들이 그냥 가져가서 먹도록 내버려 둬야 합니다. "너희가 밭에서 난 곡식을 거두어들일 때에는 밭 구석구석까지 다 거두어들이지 말고, 또 거두어들인 다음에, 떨어진 이삭을 줍지 말아라. 그 이삭은 가난한 사람들과 나그네 신세인 외국 사람들이 줍게 남겨 두어야 한다."(「레위기」 23장 22절) 그곳에 남은 곡식들은 사람만이 아니라 들짐승을 위한 것이기도 했습니다. 각종 들짐승이 와서 먹도록 내버려 둠으로써 먹이를 구하기 위한 고된 일상으로부터 쉼을 얻을 수 있도록 하였습니다.(「출애굽기」 23장 10-12절)

마찬가지로 남의 노예가 되어 살던 사람이 6년을 보내면 7년째 되는 해에는 자유의 몸이 됩니다. 몸값을 지불하지 않고도 노예 생활이 청산되는 것입니다.(21장 2절) 또한 누군가가 자신에게 빚을 진 사람이 있다면 7년마다 그 빚을 면제해 주어야 합니다.(「신명기」 15장 1절)

이러한 안식년은 7일마다 수고로운 노동에서 벗어나 쉼을 얻는 안식일의 확장으로 이해될 수 있습니다. 안식년이 일곱 번이 되어 50년이 되는 해를 희년(禧年, Year of Jubilee), 곧 '기쁨의 해'라고 부릅니다.

> "너희는 오십 년이 시작되는 이 해를 거룩한 해로 정하고, 전국의 모든 거민에게 자유(해방)를 선포하여라. 이 해는 너희가 희년으로 누릴 해이다. 이 해는 너희가 유산 곧 분배받은 땅으로 돌아가는 해이며, 저마다 가족에게로 돌아가는 해이다. 오십 년이 시작되는 해는, 너희가 희년으로 지켜야 하는 해이다. 희년에는 씨를 뿌리지 말고, 저절로 자란 것을 거두어서도 안 되며, 너희가 가꾸지 않은 포도나무에서 저절로 열린 포도도 따서는 안 된다."
>
> —「레위기」 25장 10-11절

안식년 규정에 따라 희년에는 사람뿐 아니라 가축과 들짐승들, 그리고 땅까지 쉼을 갖게 됩니다. 가난 때문에 팔린 땅은 본래 주인에게 되돌아가고, 노예로 종속된 사람도 모든 구속에서 풀려납니다. 여기에는 소유 자체가 쉼이 없는 속박이므로 소유로부터 해방시킴으로써 모든 존재는 비로소 자유와 쉼을 얻는다는 의미가 담겨 있습니다. 특히 희년에는 땅의 소유가 모두 해제됩니다. 땅의 본래 주인은 인간이 아닌 하나님 자신이기 때문입니다. 땅 위에 살아가는 사람들은 다만 임시로 거주하는 나그네에 불과할 따름입니다. "땅은 나의 것이다. 너

희는 다만 나그네이며, 나에게 와서 사는 임시 거주자일 뿐이다."(「레위기」 25장 23절)

흥미롭게도 예수님은 자신을 소개하면서 희년에 관한 구절을 인용합니다. 즉, 메시아는 희년 사상을 실천하러 오신 분이라는 것입니다. 「누가복음」 4장 16절 이하를 보면, 예수께서 안식일에 유대교 회당에 들어가 「이사야」 61장 1-2절을 읽는 장면이 나옵니다. 그 구절은 다음과 같습니다. "야훼께서 나에게 기름을 부으시니, 주 하나님의 영이 나에게 임하셨다. 주님께서 나를 보내셔서, 가난한 사람들에게 기쁜 소식을 전하고, 상한 마음을 싸매어 주고, 포로에게 자유를 선포하고, 갇힌 사람에게 석방을 선언하고 주님의 은혜의 해를 선언하고, 모든 슬퍼하는 사람들을 위로하게 하셨다."(「이사야」 61장 1-2절)

그러고는 예수님은 이 말씀이 방금 이루어졌다고 선언합니다. 이 구절은 이사야 예언자가 이 땅에 희년을 선포하는 대목입니다. 그는 바벨론 제국에 의해 패망한 이스라엘의 회복이 이 땅에 희년이 실현되는 방식으로 이루어질 것이라고 예언합니다. 메시아가 도래함으로써 이 땅에 희년이 실현되리라는 것입니다. 희년 사상은 이렇게 신약 시대까지 이어집니다.

출애굽 시대가 막을 내리고 이스라엘 민족은 드디어 가나안 땅으로 입성했습니다. 하나님이 이스라엘 민족을 통해 실현하려는 바람직한 사회의 모습은 인간에 대한 억압과 압제가 사라진, 그래서 힘이 없

고 가난한 사람도 마음 놓고 살아갈 수 있는 곳이었습니다. 모든 생명체가 더 이상 소유 관계에 속박되지 않으며, 인간만이 아니라 동물까지도 보살핌을 받는 곳. 이것이 하나님을 사랑하고 이웃을 사랑하는 공동체로서 이스라엘 민족이 추구해야 할 사회의 모습이었습니다.

하지만 이스라엘 민족은 많은 시행착오를 거쳐야 했습니다. 역사 속에서 실제로 이러한 원칙을 제대로 실천했던 적은 많지 않았습니다. 오히려 실패한 적이 훨씬 많았다고 보아야 합니다. 이스라엘 민족만이 아니라 그 어느 민족이라도 이를 제대로 실천하기는 어려웠을 것입니다. 하지만 이스라엘 민족은 하나님의 말씀을 지키며 사는 것을 자신들에게 주어진 가장 중요한 사명이라 여겼습니다. 그렇기에 실패를 거듭하면서도 하나님의 말씀대로 살기를 포기하지 않았던 것입니다. 그런 점에서 구약의 역사는 이스라엘 민족의 실패에 대한 기록이자, 그러한 실패에도 불구하고 포기하지 않고 끝까지 고군분투했던 기록이기도 합니다.

출애굽 이야기는 마치 우리가 살아가는 삶의 축소판과도 같습니다. 누구나 더 나은 삶을 위해서는 힘든 과정을 통과할 수밖에 없지요. 그리고 현실의 어려움에 맞닥뜨릴 때마다 우리는 선택의 기로에 서게 됩니다. 원칙을 지킬 것인지, 아니면 현실과 타협할 것인지 말입니다. 과연 어떤 것이 더 바람직한 선택일까요?

물론 현실과 타협한다고 해서 반드시 비난받을 일만은 아닐 것입니다. 너무도 힘든 상황이라면 누구라도 어쩔 수 없이 타협할 수밖에 없기 때문입니다. 대부분의 사람들은 조금씩 현실과 타협하며 살아갑니다. 그런 점에서 「출애굽기」는 원칙을 지키며 살아간다는 것이 얼마나 어려운 일인지 아주 잘 보여 주는 것 같습니다. 그렇지만 힘든 상황에 맞닥뜨릴 때마다 원칙을 포기하고 항상 타협만 하며 살아간다면 어떻게 될까요? 결국에는 각자의 이기적인 행위만이 존재할 것이고, 세상은 약육강식으로 가득한 곳이 될 것입니다. 더 나은 삶에 대한 희망을 꿈꾸는 것은 불가능하겠지요.

「출애굽기」는 우리가 하나님을 사랑하고 이웃을 사랑하며 살아갈 때 비로소 더 나은 삶이 주어질 수 있음을 강조합니다. 그렇게 더 나은 삶에 대한 희망도 품을 수 있는 것이고요. 물론 당장은 힘들겠지만 말입니다. 그렇게 세상은 조금씩 더 나은 곳으로 바뀌게 될 것입니다.

3장

우리에게도
왕이 있어야 되겠습니다

—

이스라엘 왕정을 바라보는
「사사기」와 「사무엘서」의 시선

장 푸케, 「여리고 전투」, 1415~1420년경.

가나안 시대가 열리다

이집트에서 탈출하여 광야로 향했던 이스라엘 민족은 40여 년의 긴 여정 끝에 비로소 가나안으로 들어가게 됩니다. 오래전 하나님께서는 이스라엘 민족의 조상 아브라함에게 다음과 같이 약속하셨습니다. "너는, 네가 살고 있는 땅과, 네가 난 곳과, 너의 아버지의 집을 떠나서, 내가 보여 주는 땅으로 가거라. 내가 너로 큰 민족이 되게 하고, 너에게 복을 주어서, 네가 크게 이름을 떨치게 하겠다."(「창세기」 12장 1-2절) 이제 그 아브라함의 후손들이 하나의 민족을 이루고 젖과 꿀이 흐르는 땅, 가나안에 들어가게 된 것입니다.

이 책 2장에서 언급했던 것처럼 이스라엘 민족에게 부여된 사명은 하나님의 말씀대로 실천하며 살아가는 공동체가 되는 것입니다. 하지만 이는 그저 이상적인 목표만을 바라보며 현실과 무관하게 살아가는 것이 아닙니다. 다른 민족들과 마찬가지로 정치와 경제, 사회 문제 등 각종 현안들을 해결할 수 있는 법적, 제도적 질서를 구축해야 합니다. 특정한 정치체제를 세워 그에 따라 공동체를 운영해야만 하지요. 그 안에서 어떻게 하나님의 말씀을 실천할 것인가가 이스라엘 민족에게 부여된 가장 큰 과제라 할 수 있습니다.

이스라엘 민족의 고민이 여기서 시작됩니다. 바벨탑 사건에서도 보았듯이, 권력에 대한 인간의 욕망은 결국 인간 스스로 절대자로 군림하여 하나님의 자리마저 차지하는 데까지 나아갑니다. 실제로 고대 서아시아의 국가들에서는 왕을 신의 대리자, 혹은 신의 아들로 추앙하여 숭배하는 일이 아주 흔했습니다. 사실상 왕이 신을 대신해서 세상을 통치하는 존재가 되었던 것입니다. 하지만 성서는 인간이 신과 같은 절대자가 되어선 안 된다고 거듭 강조합니다. 그렇게 되면 세상은 살육과 전쟁이 그치지 않는 곳이 될 것이기 때문입니다.

이스라엘 민족에게 두 마리 토끼를 다 잡는 과제가 부여된 셈이었습니다. 주변 국가들처럼 하나의 정치체제를 수립하면서도 인간의 권력보다 하나님의 말씀을 더 중시하는 정치체제를 만들어야 합니다. 권력을 행사하면서도 백성들 위에서 군림하지 않고, 백성들을 섬기면서도 사회 전체를 원활히 운영하는 권력이 되어야 했습니다. 위로는 하나님을 경외하고 아래로는 백성들을 섬기는 권력을 세우는 것입니다. 그야말로 이전까지는 존재하지 않던 새로운 정치권력의 모습을 구현해야 했던 것이지요. 이스라엘 민족의 이러한 시도는 오늘날 바람직한 정치의 모습이 어떠해야 하며, 어떻게 실현되어야 하는지 많은 시사점을 주리라 생각합니다.

먼저, 당시 이스라엘이 처한 상황부터 살펴보겠습니다. 이스라엘 민족은 가나안에 정착하는 과정에서부터 적잖은 어려움에 봉착했습니다. 가나안에는 이미 여러 민족이 자리 잡고 있었고, 가나안에 들어가려면 그들과 싸워 토지를 확보해야 했기 때문입니다. 당시 가나안에는 막강한 군사력을 지닌 여러 국가들이 있었습니다. 그래서 이스라엘은 가나안 정착 초기에는 겨우 황무지와 산간 지역만을 차지할 수 있었습니다.

종교적으로도 매우 어려운 상황이었습니다. 모세의 후계자였던 여호수아가 세상을 떠난 이후로 야훼 하나님에 대한 신앙이 점차 희미해졌기 때문입니다. 이로 인해 공동체의 종교적인 결속력은 크게 약화되었습니다. 가나안 정착 이후에 태어난 세대들은 앞선 출애굽 세대와 달리 야훼 하나님에 대해 잘 알지 못했고, 심지어 하나님께서 이스라엘을 이집트로부터 이끌어 낸 사실을 모르는 경우도 있었습니다. "온 백성은 여호수아가 살아 있는 동안 야훼를 잘 섬겼다. (…) 그리고 그 세대 사람들도 모두 죽어 조상들에게로 돌아갔다. 그들이 죽은 뒤에 새로운 세대가 일어났는데, 그들은 야훼를 알지 못하고, 야훼께서 이스라엘을 돌보신 일도 알지 못하였다."(「사사기」 2장 7-10절)

이러한 많은 어려움에도 이스라엘 민족은 주변 왕정 국가들과 달리 왕이 없는 정치체제를 선택하였습니다. 이는 왕정 제도를 선택하지 않아서 생기는 많은 어려움을 감수하겠다는 의지의 표현이기도 했습니다. 당시 이스라엘은 왕이 아닌 '사사(士師, the Judges)'들이 통치하였는데, 이 '사사'라는 직책은 각종 분쟁을 조정하는 재판관이자 군사 지도자로서의 역할을 함께 했습니다. 그들은 농사꾼, 목동, 군인 등 매우 다양하게 구성되었습니다. 남자만이 아니라 여자도 사사가 되는 데 아무 제약이 없었습니다. 이들은 평소에 각자의 생업에 종사하다가 이스라엘이 어려움에 처할 때면 백성들의 동요를 진정시키고 문제를 해결했습니다. 왕과 달리 사사의 직책은 세습되지 않았는데, 이는 권력이 특정 가문이나 집단에 의해 사유화되는 것을 막기 위함이었습니다.

이스라엘 민족은 하나의 중앙집권적 권력을 두지 않고 12지파 간의 연맹이라는 정치체제를 취하였습니다. 각 지파들은 저마다 자율적이고 독립적인 방식으로 운영되었고 서로가 평등한 관계를 유지하려했습니다. 주변 국가들이 중앙집권적 왕정 체제를 고수하던 것과 비교해 볼 때 매우 독특한 정치체제라 할 수 있습니다. 이는 이집트 바로왕의 압제를 경험하며 생긴 반감에서 비롯된 것이기도 했습니다. 이스라엘 사람들에게 왕정이란 힘없는 백성을 노예처럼 부리고 착취하는 제도를 의미했기 때문입니다. 하나님만이 모든 인간을 차별하지 않고 공평하게 다스릴 수 있다고 믿었기에, 그들은 인간이 아닌, 야훼 하나님 한 분만이 진정한 왕이 될 수 있다고 생각했습니다.

하지만 왕이 없던 지파 연맹의 군사력은 주변 국가들과 비교해 볼 때 허술하기 짝이 없었습니다. 번번이 약탈당하고도 제대로 대응하지 못했습니다. 미디안 부족이 침략할 때마다 저장해 놓은 곡식을 모조리 빼앗겼는데, 사사 기드온의 탄식을 들으면 이스라엘 민족이 당시에 얼마나 큰 고통을 받았는지 짐작할 수 있습니다.

"감히 여쭙습니다만, 야훼께서 우리와 함께 계신다면, 어째서 우리가 이 모든 어려움을 겪습니까? 우리 조상이 우리에게, 야훼께서 놀라운 기적을 일으키시어 우리 백성을 이집트에서 인도해 내셨다고 말하였는데, 그 모든 기적들이 다 어디에 있단 말입니까? 지금은 야훼께서 우리를 버리시기까지 하셔서, 우리가 미디안 사람의 손아귀에 넘어가고 말았습니다."

—「사사기」 6장 13절

이스라엘도 왕정을 수립해서 강제로 군인으로 징발하고 강력한 군사력을 갖추어 맞섰더라면 상황은 달랐을지 모릅니다. 왕을 세우지 않는, 더 힘들고 어려운 길을 선택했음에도 왕정에 대한 동경이 완전히 사라진 것은 아니었습니다. 기드온의 뛰어난 활약 덕분에 미디안 부족을 완전히 물리쳤을 때, 기드온을 왕으로 추대하려는 움직임이 일어났습니다. 하지만 기드온은 단호히 거절합니다. 자신은 왕이 되지 않을 것이며, 왕위를 자식에게 세습하는 일도 없을 거라고 못 박습니다. "나는 여러분을 다스리지 않을 것입니다. 나의 아들도 여러분을

다스리지 않을 것입니다. 오직 야훼께서 여러분을 다스리실 것입니다."(8장 23절)

이후에도 왕을 세우려는 시도가 몇 차례 있었지만 「사사기」 저자는 이를 신랄하게 비판합니다. 기드온의 아들 아비멜렉이 자기 형제 70명을 죽이고 스스로 왕이 되려 한 사건이 일어났습니다. 그렇게 하여 3년간 권력을 장악했지만, 그 후 반란이 일어나 아비멜렉은 결국 죽임을 당했습니다. 이스라엘에서 최초로 세습 왕조를 세우려던 시도가 실패했던 것입니다.(9장) 이에 대해 동생 요담은 형 아비멜렉을 왕이 되고자 하는 가시나무로 비유하며 조롱합니다.

하루는 나무들이 기름을 부어 자기들의 왕을 세우려고 길을 나섰습니다. 그들은 올리브나무에게 가서 말하였습니다. '네가 우리의 왕이 되어라.' 그러나 올리브나무는 그들에게 대답하였습니다. '내가 어찌 하나님과 사람을 영화롭게 하는, 이 풍성한 기름 내는 일을 그만두고 가서, 다른 나무들 위에서 날뛰겠느냐?' 그래서 나무들은 무화과나무에게 말하였습니다. '네가 와서 우리의 왕이 되어라.' 그러나 무화과나무도 그들에게 대답하였습니다. '내가 어찌 달고 맛있는 과일 맺기를 그만두고 가서, 다른 나무들 위에서 날뛰겠느냐?' 그래서 나무들은 포도나무에게 말하였습니다. '네가 와서 우리의 왕이 되어라.' 그러나 포도나무도 그들에게 대답하였습니다. '내가 어찌 하나님과 사람을 즐겁게 하는 포도주 내는 일을 그만두고 가서, 다른 나무들 위에서 날뛰겠느냐?' 그래서 모든 나무들은 가시나무에게 말하였습니다. '네가 와서 우리의 왕이 되어라.' 그러자 가시나무가 나무들에게 말하였습니다. '너희가 정말로 나에게 기름을 부어, 너희의 왕으로 삼으려느냐? 그렇다면, 와서 나의 그늘 아래로 피하여 숨어라. 그렇게 하지 않으면, 이 가시덤불에서 불이 뿜어 나와서 레바논의 백향목을 살라 버릴 것이다.'

—「사사기」 9장 8-15절

여기서 올리브나무와 무화과나무, 포도나무는 각 지파들을 상징합니다. 각각의 나무들은 각기 좋은 기름과 열매, 포도주를 내는 것을 더 좋아하는데, 굳이 다른 나무들 위에 군림할 이유가 없다고 합니다. 즉, 누군가를 왕으로 세워 다른 지파들을 다스리도록 할 필요가 전혀 없다는 것이지요. 요담은 왕이 되고자 했던 아비멜렉이 아무런 유익도 없는 가시나무와 같은 존재라고 비난합니다. 뿐만 아니라 스스로 왕이 되기 위해 다른 나무를 모두 불살라 버리는 커다란 악행을 저지르고 있다고 지적합니다. 이러한 비유를 통해서도 왕정 제도에 대한 이스라엘 사람들의 불신을 엿볼 수 있습니다. 왕을 세워 봤자 되돌아오는 것은 왕의 횡포밖에 더 있느냐는 것이지요. 각 지파들이 저마다의 재능과 장점을 발휘하며 사이좋게 살 수 있으면 된다는 것입니다.

하지만 느슨한 지파 연맹 체제는 점차 흔들리기 시작합니다. 기브아 사건이라는 대단히 끔찍하고 엽기적인 사건이 계기가 되어 12지파 간의 연대에 균열이 생기고 심지어 지파들 간의 내전까지 일어나기에 이릅니다.

"그때에는 왕이 없었으므로……."

어느 날 기브아라는 지역에 레위 지파 사람이 첩을 데리고 와서 하룻밤 묵고자 하였습니다. 그날 밤 베냐민 지파 사내들이 찾아와 그 첩을 내놓으라고 요구합니다. 겁을 먹은 레위 사람은 첩을 내주고 자신의 안전을 보장받으려 했습니다. 사내들은 첩을 데려가 밤새 욕을 보이고 결국 죽음에 이르도록 했습니다.

이에 분노한 레위 사람은 첩의 시신을 12개로 쪼개어 이스라엘의 모든 지파들에 보내었습니다. 이를 접한 이스라엘 사람들은 경악을 금치 못했고 미스바라는 지역에 모두 모여 기브아 사건에 대한 대책을 논의하여, 베냐민 지파에게 기브아 사건에 대한 책임을 묻고 그 사내들을 처벌할 것을 요구하였습니다. 그러나 베냐민 지파는 이를 거절하고 오히려 나머지 지파들과 싸우려 하였습니다. 그리하여 이스라엘 사람들은 베냐민 지파를 몰살시키기로 결의합니다. 이렇게 베냐민 지파와 나머지 지파들 간의 내전이 시작되었고, 베냐민 지파 사람이 거의 남지 않을 때까지 잔인한 살육이 계속되었습니다. 사사 시대를 통틀어 이토록 많은 피를 흘린 적이 없었습니다. 「사사기」는 이때를 일컬어 이렇게 기록하고 있습니다. "그때에는 이스라엘에 왕이 없었으므로, 사람들은 저마다 자기의 뜻에 맞는 대로 하였다."(「사사기」 21장 25절) 이스라엘을 지탱하던 지파 간의 연대가 무너지고 왕도 없는 상황에서 온 세상이 무법천지가 되었다는 것입니다.

뿐만 아니라, 이스라엘의 마지막 사사 사무엘이 활동하던 시기에는 블레셋 족속에게 언약궤를 빼앗기는 치욕적인 사건이 발생하였습니다. 언약궤란 이스라엘 사람들이 가장 신성시하는 물건으로, 그 안에는 모세가 하나님으로부터 받았던 십계명 돌판이 들어 있었습니다. 이스라엘 사람들은 언약궤에 하나님께서 임하신다고 생각하였습니다. 그래서 광야에서 제사를 드릴 때에도 성막 한가운데 언약궤를 두었고, 제사장이 아닌 다른 사람은 접근조차 못 하도록 하였습니다. 광야에서 이동할 때에는 언제나 언약궤를 맨 앞에 두고 그 뒤를 따랐습니다. 하나님께서 이스라엘 민족을 이끄신다는 것을 나타내는 것이지요. 이렇듯 언약궤란 이스라엘 사람들에게 하나님이 이스라엘과 함께 동행하심을 나타내는 성물(聖物)이었습니다. 그런데 그 언약궤를 블레셋 족속에게 빼앗긴 것입니다.

이는 사사 시대 말기의 사회적, 종교적 타락과도 관련이 있었습니다. 제사장들은 하나님께 바친 제물을 탈취하기까지 했고, 심지어 성막에서 일하는 여인들과의 음란한 행위도 서슴지 않았습니다. 사사들은 뇌물을 준 사람에게 유리하도록 판결을 내렸습니다. 사회 곳곳에 부패와 타락이 자리를 잡고 있었습니다. 이러한 와중에 블레셋의 침입까지 받은 것입니다. 제대로 방어할 수 없었던 이스라엘은 언약궤를 들고 나갔습니다. 언약궤가 마치 도깨비방망이나 마법 상자라도 되는 것처럼 그 힘을 빌린다면 군사력의 열세에도 이스라엘이 이기리라 여겼던 것입니다. 하지만 이스라엘은 블레셋에게 크게 패하였고 언약궤마저 빼앗기고 말았습니다. 이스라엘 사람들은 "하나님의 언약궤를 빼앗겼으므로 영광이 이스라엘에서 떠났다."며 크게 낙심하였습니다.(「사무엘상」 4장 22절)

이러한 일련의 사건들은 이스라엘 사람들이 왕을 요구하는 계기가 되었습니다. 이스라엘 장로들은 사무엘에게 와서 이렇게 간청합니다. "이제 모든 이방 나라들처럼 우리에게 왕을 세워 주셔서 왕이 우리를 다스리게 하여 주십시오."(8장 5절) 이스라엘이 자꾸 위험에 빠지는 이유는 그간 왕이 없었기 때문이라는 것입니다. 왕을 세워서 세금도 걷고 군대도 양성하여 가나안 국가들처럼 강력한 통치 질서를 지닌 국가를 만들자는 것입니다.

하지만 사무엘 예언자는 이러한 요구에 매우 부정적인 입장을 보입니다. 이스라엘 사람들이 하나님을 신뢰하고 하나님의 말씀을 지키는 공동체를 만들어 가기보다는, 무력을 통해 유지되는 국가를 선호

왕을 세워 달라고 간청하는 사람들에게 그 위험을 경고하는 사무엘(왼쪽),
사울을 왕으로 지명하는 사무엘(오른쪽)을 표현한 『모건 바이블』의 삽화, 1250년경.

하는 것을 용납할 수 없었기 때문입니다. 사무엘은 이스라엘 사람들에게 이렇게 경고합니다.

"너희를 다스릴 왕의 권한은 이러하다. 그는 너희의 아들들을 데려다가 그의 병거와 말을 다루는 일을 시키고, 병거 앞에서 달리게 할 것이다. 그는 너희의 아들들을 천부장(1천 명을 통솔하는 대장)과 오십부장(50명을 통솔하는 대장)으로 임명하기도 하고, 왕의 밭을 갈게도 하고, 곡식을 거두어들이게도 하고, 무기와 병거의 장비도 만들게 할 것이다. 그는 너희의 딸들을 데려다가, 향유도 만들게 하고 요리도 시키고 빵도 굽게 할 것이다. 그는 너희의 밭과 포도원과 올리브밭에서 가장 좋은 것을 가져다가 왕의 신하들에게 줄 것이며, 너희가 거둔 곡식과 포도에서도 열에 하나를 거두어 왕의 관리들과 신하들에게 줄 것이다. 그는 너희의 남종들과 여종들과 가장 뛰어난 젊은이들과 나귀들을 끌어다가 왕의 일을 시킬 것이다. 그는 또 너희의 양 떼 가운데서 열에 하나를 거두어 갈 것이며, 마침내 너희들까지 왕의 종이 될 것이다. 그때에야 너희가 스스로 택한 왕 때문에 울부짖을 터이지만, 그때에 주께서는 너희의 기도에 응답하지 않으실 것이다."

—「사무엘상」 8장 11-18절

왕정을 수립한다면 군사로 징발당할 것이며, 각종 세금과 부역으로 고통을 당하고, 모든 소출을 빼앗길 것이며, 그리하여 마침내 모두가 왕의 노예로 전락할 것이라는 사무엘의 경고에도 불구하고 이스라엘 백성들은 뜻을 굽히지 않았습니다. 그들은 거듭 왕을 요구했습니다. "그렇지 않습니다. 우리에게도 왕이 있어야 되겠습니다. 이방 나라들처럼, 우리의 왕이 우리를 다스리며, 그 왕이 우리를 이끌고 나가서, 전쟁에서 싸워야 할 것입니다."(8장 19-20절)

하나님께서 이스라엘 사람들에게 원하신 것은 경제력이나 군사력이 아닌, 하나님의 말씀으로 사는 공동체가 되는 것이었습니다. 그것은 이스라엘 민족을 가나안의 다른 국가들과 구별하게 해 주는 가장 커다란 차이점이었습니다. 하지만 이스라엘 사람들은 자신들도 가나안의 다른 국가들처럼 되어야겠다고 나선 것입니다. 이에 대해 사무엘은 그것이 하나님에 대한 크나큰 죄악이라는 점을 말합니다. "오늘날 너희는, 너희를 모든 환난과 고난 속에서 건져 낸 너희 하나님을 버리고, 너희에게 왕을 세워 달라고 나에게 요구하였다."(10장 19절) "왕을 요구하는 것이, 야훼께서 보시기에 얼마나 큰 죄악이었는지 밝히 알게 될 것이다."(12장 17절)

이스라엘 사람들도 사무엘의 이러한 경고가 의미하는 바를 모르지 않았습니다. 그들도 이렇게 대답합니다. "우리가 우리의 모든 죄에 왕을 구하는 악을 행하였습니다."(12장 19절) 그럼에도 이스라엘 사람들은 뜻을 굽히지 않았습니다. 왕정 국가를 세워야만 외부의 침략으로부터 자신들을 방어할 수 있다는 명분에서였습니다. 결국 사무엘은 이스라엘 사람들에게 하나님의 말씀대로 살 것을 조건으로 하여 왕정을 허락하기에 이릅니다. 그렇게 해서 12지파 연맹 체제였던 이스라엘은 사울을 이스라엘의 초대 왕으로 추대하면서 왕정 국가가 되었습니다.

왕이 있다 한들 무엇에 쓰랴

이스라엘 민족에게 왕정은 매우 낯설고 어색한 제도였습니다. 사울의 등극 과정을 보면 이러한 점이 잘 드러납니다. 베냐민 지파 출신의 청년 사울은 어느 날 달아난 나귀를 찾으러 갔다가 갑자기 사무엘을 만나고 그 자리에서 장차 왕이 되리라는 예언을 듣습니다. 사무엘로부터 기름부음을 받고 왕으로 인정을 받게 됩니다.(「사무엘상」 10장 1절) 여기서 '기름부음'이란 향유(香油)를 머리에 붓는 행위로, 왕이나 예언자, 혹은 대제사장을 지명하는 의식을 거행하는 것을 가리킵니다. 오늘날 구원자 혹은 해방자를 지칭하는 '메시아'는 기름부음을 받은 자라는 뜻입니다. 그런데 사울은 이를 아무에게도 말하지 않고 오히려 숨기는 모습을 보입니다.

사무엘은 모든 이스라엘 사람들을 미스바라는 곳에 소집하여 공식적으로 사울을 왕으로 추대하였습니다. 각 지파별로 제비뽑기 방식으로 왕을 선출하였는데, 이때에도 사울은 몰래 짐짝 안에 숨어 있었습니다. 사람들은 짐짝에 있던 그를 찾아내어 왕으로 추대하였습니다. 몇몇 사람들은 사울의 면전에서 그를 비난하면서 업신여겼는데, 이에 사울은 아무 말도 하지 않고 못 들은 척했습니다. 왕으로 추대된 이후에도 사울은 어쩐 일인지 곧바로 자기 고향으로 돌아가 밭에서 소를 몰고 농사를 짓습니다.(11장 5절) 아직 자신이 이스라엘의 모든 지파를 대표하는 왕이라는 자각이 없었던 것입니다. 그러다가 암몬 족속이 침입한다는 급작스러운 소식에 전쟁에 참여하여 공을 세웁니다. 이 일을 통해서 백성들 앞에서 또다시 왕으로 추대되었습니다.(11장 15절) 왕을 두 번이나 추대하는 다소 우스꽝스러운 모습을 보인 것입니다. 이러한 일화들은 이스라엘에서 왕정 체제가 매우 낯선 제도였음을 알려 줍니다.

왕으로서의 사울의 권력은 가나안 국가들과는 달리 절대적이거나 무제한적이지 않았습니다. 그에게 하나님의 영이 임하거나, 그가 하나님의 말씀에 전적으로 순종할 때에만 권좌가 유지될 수 있었습니다. 왕이 지닌 합법적인 권한이나 지위보다도 그가 얼마나 하나님의 말씀을 지키느냐가 더 중요했던 것입니다. 사울은 항상 예언자들의 견제를 받았고, 하나님의 말씀을 따르지 않으면 곧바로 왕권이 흔들렸습니다. 그가 왕권을 강화하려고 하면 도리어 약화되고, 반대로 하나님의 뜻대로 순종하면 왕권이 강화되었던 것입니다.

언약궤를 찾아 예루살렘으로 돌아온 다윗을 그린 『모건 바이블』의 삽화, 1250년경.

그 일례로 사울이 사무엘도 없는 자리에서 독자적으로 제사의 제물을 드렸던 적이 있었습니다. 본래 제물을 드리는 것은 사무엘의 직무였습니다. 적과의 전투에서 빨리 승리하고자 하는 조급함 때문에 왕의 권한을 넘어 사무엘의 역할까지 침해했던 것입니다. 이 사건 이후로 사울은 몰락의 길을 걷습니다.(13장 13-14절, 15장 22절) 이처럼 사울의 왕권은 매우 제한적이고 조건적이었습니다.

반면, 사울의 뒤를 이어 왕이 된 다윗 이후의 왕권은 절대적이고 무조건적이었습니다. 사울이 이스라엘 12지파 전체의 지지를 받으며 왕으로 추대된 반면, 다윗은 이스라엘 전체가 아닌 유대 지파만의 지지를 받았습니다. 다윗을 왕으로 추대한 것은 이스라엘 12지파 전체의 시각에서 보자면 일종의 반란 행위에 가까웠습니다. 이로 인해 다윗과 사울의 아들 이스보셋은 2년 동안 전쟁을 하게 됩니다. 하지만 부하들의 반란으로 이스보셋이 암살됨에 따라 다윗이 승리합니다.

예언자들은 사울만이 아니라 다윗에 대해서도 비판적이었습니다. 예언자들은 왕정 수립에 비판적이었던 지파 연맹의 전통을 계승하고 있었기 때문입니다. 예언자들이 다윗의 성전 건립을 거부했던 것도 마찬가지 이유에서였습니다. 성전의 건립은 곧 하나님께서 오직 한 장소에만 머무는 특정 국가의 신이 된다는 것을 의미했습니다. 하지만 지파 연맹 시절 하나님은 특정 장소에 속박된 것이 아니라 광야를 자유로이 옮겨 다니던 신이었습니다. 이에 따라 성막 또한 함께 이동했었던 것입니다. 하지만 다윗은 성전을 지어 하나님을 특정 장소에 모시고자 했습니다. 이에 하나님께서는 다음과 같이 답변하였습니다.

네가 내가 살 집을 지으려느냐? 그러나 나는 이스라엘 자손을 이집트에서 데리고 올라온 날부터 오늘에 이르기까지, 어떤 집에도 살지 않고, 오직 장막이나 성막에 있으면서 옮겨 다니며 지냈었다. 내가 이스라엘 온 자손과 함께 옮겨 다닌 모든 곳에서, 내가 나의 백성 이스라엘을 돌보라고 명한 이스라엘 그 어느 지파에게라도 나에게 백향목 집을 짓지 않은 것을 두고 말한 적이 있느냐?"

—「사무엘하」 7장 5-7절

사실 다윗이 성전을 지으려는 의도는 왕권을 강화하기 위함이었습니다. 가나안 국가들처럼 신전을 웅장하게 지음으로써 하나님이 자신의 권력을 뒷받침한다는 것을 온 백성들에게 과시하고 싶었던 것입니다. 비록 하나님의 거절로 성전 건립은 좌절되었지만, 왕권을 신학적으로 정당화하려는 시도는 계속되었습니다. 그렇게 해서 이스라엘에는 이른바 '왕정 신학'이라고 하는 '왕조 이데올로기'가 출현하게 됩니다. 즉, 하나님께서 다윗 왕조를 어떤 경우에도 무너지지 않도록 직접 설립하셨다고 보는 신학적 관점입니다. 이러한 왕조 이데올로기 안에서 하나님은 특정한 왕조를 지지하고 보증하는 수호신으로 전락합니다.

다윗 왕실의 이러한 시도에 대해 예언자들은 강력하게 비판하고 나섰지만, 왕궁에 머물면서 호의호식하던 왕실 예언자들은 오히려 이를 적극 옹호하였습니다. 왕실에서 일어나는 온갖 부패와 전횡에 눈감으면서 왕이 하는 모든 일에 대해서는 하나님의 뜻이라며 신학적으로 정당화하였습니다. 사울 당시의 예언자들은 사울이 제사장 없이 스스로 제사를 드린 것에 대해 하나님의 명령을 어긴 것으로 간주하여 강하게 비판하였고, 이로 인해 결국 사울 왕조의 명맥이 끊어지게 되었습니다. 하지만 다윗 왕실의 예언자들은 달랐습니다. 다윗이 법궤를 예루살렘으로 가져오면서 직접 제사를 드린 것에 대해서는 하나님의 이름으로 이를 축복하였던 것입니다. 심지어 왕을 위해 거짓 예언을 꾸며 내기까지 했습니다. 정치권력과 종교가 서로 결탁한 것입니다.

반면, 왕에 대해 비판적인 목소리를 내던 예언자들은 왕실로부터 많은 핍박과 고초를 당해야만 했습니다. 야산으로 쫓겨 다녀야 했고 일부는 죽임을 당하기도 했습니다. 훗날 이스라엘 국가가 패망한 이후에 호세아는 "우리가 야훼를 두려워할 줄 모르고 살다가 왕도 못 모시게 되었지만, 왕이 있다 한들 무엇에다가 쓰랴?"(「호세아서」 10장 3절)라며 이스라엘 왕정 자체에 대해 회의적인 입장을 나타냅니다. 엘리야, 미가, 아모스 등의 예언자들도 다윗 왕조가 멸망한 것은 하나님의 뜻을 저버려서 생긴 매우 당연한 결과라고 말하고 있습니다. 다윗 왕조가 무조건 영원하리라는 발상 자체가 크게 잘못되었다는 것입니다.

다윗 이후로 이스라엘은 왕정 질서를 강화하면서 가나안의 다른 국가와 마찬가지로 부강한 국가가 되는 것처럼 보였습니다. 다윗 이후에 왕위에 오른 솔로몬은 주변 국가들과의 교역을 늘리면서 경제적으로도 크게 성장하였습니다. 하지만 얼마 가지 않아서 내리막길을 걷기 시작하였습니다. 무거운 세금과 각종 노역 등 솔로몬의 학정으로 백성들의 원성이 높아 갔고, 이를 제대로 수습하지 못하고는 남유다와 북이스라엘로 분열되고 말았습니다. 그리고 북이스라엘은 아시리아 제국의 침입을 받아 기원전 722년에 패망하고, 남유다는 바벨론 제국에 의해 기원전 586년에 패망하였습니다.

영원할 것 같았던 다윗 왕조가 그렇게 허망하게 무너졌다는 사실을 이스라엘 사람들은 믿을 수 없었습니다. 잠시 다윗 왕조의 명맥이 끊어졌지만 하나님께서 다윗 왕조를 복원시켜 주실 것이라고 믿었습니다. 바벨론에 포로로 끌려갔던 남유다 사람들은 북이스라엘이 아닌 자신들에게만 정통성이 있다고 여겼고, 이러한 생각은 이방 민족에 대한 적대감과 결합되면서 배타적 유대 민족주의로 나아갔습니다. 하나님께서 자신들에게 메시아를 보내어 다윗 왕조를 회복시킬 것이고, 이를 통해 혈통적 순수성을 지켜 온 남유다 왕국이 세계 최고의 강대국이 되리라는 것입니다. 유대인의 혈통적 순수성을 보존하기 위해 이방인과의 혼인도 금지되었습니다. 하나님은 오직 유대인만을 사랑하시고 구원하시는 분이라는 유대 선민사상(先民思想)이 이스라엘에 확고하게 뿌리내리게 된 것입니다.

하나님은 대체 누구 편입니까?
요나 이야기

다윗 왕조의 패망이라는 현실 앞에 이스라엘 사람들은 망연자실하였습니다. 자신들을 무너뜨린 주변 강대국에 대한 증오감 또한 커져만 갔습니다. 이스라엘 사람들은 하나님께서 이방 민족들을 모두 멸하실 것이며 오직 자신들만을 구원하신다는 생각을 품게 되었습니다. 이에 대해 하나님께서는 어떤 답변을 하실까요? 우리는 구약성서의 맨 끄트머리에 실린「요나서」에서 그 답변을 들을 수 있습니다.

「요나서」에 등장하는 예언자 요나는 배타적 유대 민족주의의 수호자입니다. 그는 이방 민족을 위해 말씀을 전하라는 하나님의 명령에 반발할 정도로 아시리아에 대해 강한 반감을 보입니다. 아시리아는 북이스라엘 왕국을 멸망시킨 나라였던 것입니다. 그런데「요나서」는 흥미롭게도 배타적 유대 민족주의에 빠져 있는 이스라엘과 이방 민족이면서도 야훼 앞에 더 진실한 모습을 보이는 니느웨를 대비시킵니다.

어느 날 요나에게 야훼 하나님의 말씀이 전해집니다. 적국 아시리아의 수도 니느웨에 가서 그 백성들에게 하나님의 준엄한 심판이 임박했음을 알리라는 것입니다. 이에 요나는 불편한 마음을 감추지 못합니다. 이방 민족에게까지 야훼의 말씀을 전한다는 것이 과연 그럴 만한 가치가 있는 일인지 의심스러웠기 때문입니다. 이윽고 그는 "야훼의 얼굴을 피하여"(「요나서」 1장 3절) 니느웨와는 정반대 방향에 위치한 다시스로 가는 배에 몸을 싣습니다. 하나님의 명령에 대한 일종의 '항명'이었습니다.

그런데 다시스로 향한 배가 갑자기 폭풍을 만나서 전복될 위기에 놓입니다. 선원들은 누구 때문에 이러한 위기를 맞게 되었는지 제비뽑기를 통해 알아보고자 했습니다. 요나가 제비에 뽑혔습니다. 요나는 선원들에게 자신이 야훼의 얼굴을 피해 도망하는 중인데, 그 때문에 배가 폭풍을 만난 것이라고 순순히 실토를 합니다. 자신을 바다에 내던지면 폭풍이 멎고 곧 잠잠해질 것이라고 말합니다. 차마 요나를 바다에 던질 수 없었던 선원들은 육지로 배를 돌리려고 애를 썼지만 아무 소용이 없었습니다. 그들은 결국 요나의 말에 따라 그를 바다에 던졌고, 곧바로 폭풍이 멎고 바다가 잠잠해졌습니다.

그렇게 바다에 던져진 요나를 큰 물고기가 삼키고 말았습니다. 요나는 물고기 배 속에서 하나님께 살려 달라고 간절히 기도했습니다.

요나의 이야기를 표현한 『집사(集史)』의 삽화, 1400년경.

죽음의 밑바닥으로부터 자신을 구원해 달라고 말입니다. 3일 밤낮을 그렇게 지낸 요나는 다시 육지로 나올 수 있었습니다. 그런데 요나가 나온 곳은 다름 아닌 니느웨였습니다. 하나님께서 재차 요나에게 말씀하셨습니다. 니느웨 백성에게 가서 야훼의 심판이 임박했음을 알려라.

요나는 온갖 불평을 늘어놓으며 마지못해 니느웨에서 40일 후에 곧 니느웨가 무너지게 되리라고 선포하였습니다. 그러자 니느웨 백성들은 크게 동요하면서 금식을 하고 굵은 베옷을 입고 야훼 하나님의 용서와 구원을 빌었습니다. 니느웨 왕부터 집에서 기르는 가축까지 빠짐없이 모두 이에 동참했습니다. 나쁜 짓을 하던 사람은 돌이키고, 힘이 있다고 맘대로 폭력을 휘두르던 사람도 이를 멈추었습니다. 이를 지켜본 하나님께서는 그들에게 내리려던 재앙을 거두고 그들을 모두 용서하시기로 하였습니다.

이방 민족인 니느웨를 이스라엘 민족보다 더 진실한 모습으로 묘사하고 있다는 것이 흥미롭지요. 이스라엘 민족은 하나님 앞에 회개할 것을 요구하는 예언자들의 외침과 호소를 무시하고 듣지 않았습니다. 도리어 예언자들을 잡아 가두고 핍박하였습니다. 반면, 이스라엘이 그렇게도 멸시하고 적대시하던 이방 민족은 하나님의 말씀을 따르면서 올바른 길로 돌이키는 모습을 보입니다. 요나는 이러한 광경을 지켜보면서 매우 못마땅한 마음이 들었고 화가 잔뜩 났습니다.

요나는 이 일이 매우 못마땅하여, 화가 났다. 그는 야훼께 기도하며 아뢰었다. "주님, 내가 고국에 있을 때에 이렇게 될 것이라고 이미 말씀드리지 않았습니까? 내가 서둘러 다시스로 달아났던 것도 바로 이것 때문입니다. 하나님은 은혜로우시며 자비로우시며 좀처럼 노하지 않으시며 사랑이 한없는 분이셔서, 내리시려던 재앙마저 거두실 것임을 내가 알고 있었기 때문입니다. 주님, 이제는 제발 내 목숨을 나에게서 거두어 주십시오! 이렇게 사느니,

차라리 죽는 것이 낫겠습니다." 야훼께서는 "네가 화를 내는 것이
옳으냐?" 하고 책망하셨다.

—「요나서」 4장 1-4절

화가 단단히 난 요나는 하나님께 이렇게 사느니 차라리 죽는 게 낫
다며 불만을 토로합니다. 그는 무엇보다도 하나님께서 이스라엘 민족
이 아닌 이방 민족, 그것도 이스라엘을 패망시킨 적국의 백성에까지
자비를 베푸시는 것 때문에 화가 났습니다. 하나님, 온갖 수모와 고통
을 겪은 이스라엘 민족에게 이러실 수가 있습니까? 어찌 적국의 백성
인 니느웨 사람들에게까지 이런 자비를 베푸십니까? 그는 이런 굴욕
적인 상황을 더 이상 참을 수 없다고 항변하고 있는 것입니다.

요나는 니느웨에서 빠져나와 동편에 자리를 잡고 초막을 짓습니다.
과연 하나님께서 니느웨를 어찌하실 것인지 지켜볼 요량이었지요. 하
나님께서는 그 초막에 박 넝쿨이 자라도록 하여 그늘을 만들어 요나
를 편안하게 지내도록 해 주셨습니다. 그늘 아래에 있는 요나는 기분
이 매우 좋아졌습니다.

그러나 다음 날 동이 틀 무렵, 하나님이 벌레를 한 마리 마련하셨
는데, 그것이 박 넝쿨을 쏠아 버리니, 그 식물이 시들고 말았다.
해가 뜨자, 하나님이 찌는 듯이 뜨거운 동풍을 마련하셨다. 햇볕
이 요나의 머리 위로 내리쬐니, 그는 기력을 잃고 죽기를 자청하

118

면서 말하였다. "이렇게 사느니 차라리 죽는 것이 더 낫겠습니다." 하나님이 요나에게 말씀하셨다. "박 넝쿨이 죽었다고 네가 이렇게 화를 내는 것이 옳으냐?" 요나가 대답하였다. "옳다뿐이겠습니까? 저는 화가 나서 죽겠습니다."

—「요나서」 4장 7-9절

그늘이 사라지자 내리쬐는 햇빛에 짜증이 난 요나는 하나님께 화를 버럭 내고 맙니다. 어째서 박 넝쿨을 도로 시들게 하신 겁니까? 어찌 이리도 저를 괴롭히십니까? 이에 하나님께서는 요나에게 반문했습니다. 박 넝쿨 때문에 네가 이렇게 나에게 화를 내는 게 옳으냐? 그럼에도 요나의 화는 수그러들지 않았습니다. 하나님께서는 어째서 박 넝쿨을 시들게 하신 것일까요?

야훼께서 말씀하셨다. "네가 수고하지도 않았고, 네가 키운 것도 아니며, 그저 하룻밤 사이에 자라났다가 하룻밤 사이에 죽어 버린 이 식물을 네가 그처럼 아까워하는데, 하물며 좌우를 가릴 줄 모르는 어린아이들이 십이만 명도 더 되고 동물들도 수없이 많은 이 큰 성읍 니느웨를, 어찌 내가 아끼지 않겠느냐?"

—「요나서」 4장 10-11절

박 넝쿨 하나에도 연연하는 요나와 모든 살아 있는 존재들을 아끼고 사랑하는 야훼 하나님의 모습이 서로 대조를 이루는 「요나서」의 결말은 해학적이기까지 합니다.

앞서 살펴본 대로, 북이스라엘과 남유다 왕국의 패망을 겪으면서 배타적인 유대 민족주의가 크게 강화되었습니다. 하나님은 오직 유대인들만을 사랑하고 자신들만을 구원하신다며 이방 민족에게 적대적인 태도를 보이지요. 그러나 구약성서의 후반부에 자리한 「요나서」는 이러한 배타적 유대 민족주의에 대해 상반된 메시지를 던지고 있습니다. 하나님께서는 유대인만이 아니라 이방 민족들까지도 구원하시고자 하는 분이라는 것입니다. 배타적인 태도를 고수하던 요나의 편협한 모습은 곧 이스라엘 자신의 모습이었습니다. 「요나서」는 야훼 하나님이 어느 민족이라도 차별하지 않고 아끼고 사랑하는 분이라는 점을 유머러스한 필체로 그려 내고 있습니다.

이 장의 서두에서도 언급했던 것처럼, 이스라엘 민족은 인간의 권력보다 하나님의 말씀을 더 중시하는 정치체제를 만드는 과업을 부여받았습니다. 사사 시대에는 12지파 간의 연맹 형태로서, 권력을 최대한 분산시켜서 서로를 견제하는 방식으로 정치권력의 집중과 비대화를 막고자 했습니다. 그리고 사사들이 하나님의 말씀을 전하면서 여러 행정 업무들도 맡았습니다. 하지만 주변 국가와 비교해 볼 때 힘의 열세를 극복하기 어려웠고 이로 인해 잦은 침략과 약탈에 시달려야만 했습니다. 12지파 연맹 체제의 한계가 고스란히 드러났던 것입니다. 그러나 현실적인 필요보다 하나님의 말씀을 더 중시하려는 태도는 유지하고자 했음을 볼 수 있었습니다.

하지만 그 뒤로 이스라엘 민족이 왕정 체제를 도입하여 강력한 통치 질서를 수립하면서 하나님의 말씀을 왕권 강화의 수단으로 삼는 경향이 나타나게 되었습니다. 이른바 '왕정 신학'이 그것이었습니다. 하나님께서 말씀하신 원칙들을 현실 정치에 구현하려고 노력하기보다는, 자신들의 필요에 따라 권력을 더욱 확장하면서 이를 신학적으로 정당화하려 했던 것입니다. 정치와 종교의 결탁으로 각종 부정부패와 타락이 만연하였는데, 이는 결국 이스라엘의 패망을 앞당기는 원인이 되었습니다. 이스라엘의 패망 이후에는 모든 이방 민족들을 적대시하는 배타적 유대 민족주의까지 등장하였습니다.

하나님을 왕권 강화를 위한 수단으로 만들거나, 유대인이라는 특정 민족만을 위한 존재로 만드는 것은 하나님의 말씀과 정면으로 대립되는 것이었습니다. 하나님의 말씀을 거울로 삼아 자신들이 추구했던 왕정 국가의 문제점은 없었는지 돌아보는 것이 이스라엘 민족이 당시 취해야 했던 올바른 자세였을 것입니다.

이는 우리에게 정치권력이 빠지기 쉬운 함정이 무엇인지 잘 보여줍니다. 정치권력은 자신을 절대화하려는 경향을 갖고 있습니다. 수단과 방법을 가리지 않고 자신을 정당화하려는 것입니다. 심지어 신까지 동원하기도 합니다. 하지만 이처럼 스스로 절대화하는 정치권력은 타락할 수밖에 없습니다. 정치권력에 대한 견제와 비판이 반드시 있어야만 하는 이유입니다.

또한, 정치권력은 내부적인 정체성을 강조하면서 외부에 대해 배타적인 태도를 부추기는 경향이 있습니다. 이를테면, 다른 인종이나 외국인에 대한 혐오와 차별이 그것입니다. 특히 정치권력과 인종주의가 결합될 때 너무나도 끔찍한 비극을 초래하였습니다. 나치의 홀로코스트가 그 대표적인 사례일 것입니다. 다문화 사회에서 살아가는 우리로서는 반드시 유념해야 할 대목입니다.

그런 점에서 구약성서 말미에 있는 「요나서」는 배타적인 유대민족주의에 빠져 있던 이스라엘 민족에게 던지는 하나님의 메시지이자, 정치권력이 초래할 수 있는 문제점을 미리 경계하도록 일깨워 준다고 할 수 있겠습니다.

4장

어째서 선한 자에게 고통이 있는가?

—

악에 대한 「욥기」의 항변

부스럼으로 고통받는 욥과 악마의 모습을 그린 그림, 12세기.

상식을 벗어난 물음과 답변

구약성서의 「욥기」는 인간이 겪는 고통이나 불행에 관해 질문을 던집니다. 그런데 그 질문 방식이 예사롭지 않습니다. 「욥기」의 저자에게 현실은 상식적으로 납득하기 어려운 부조리한 일들이 곧잘 일어나는 곳이었습니다. 저자는 어째서 우리의 상식에서 벗어난 일들이 생겨날 수 있는지에 관해 질문을 던집니다. 그런데 이에 대한 하나님의 답변 또한 인간의 상식을 뛰어넘는 수준입니다. 「욥기」를 읽을 때 세심한 주의를 기울여야 하는 이유입니다.

1장 서두에 소개되는 주인공 욥은 이스라엘 출신이 아니라 동방의 이방인인데, 그는 하나님께서 보시기에 가장 흠 없고 정직한 신앙인이었습니다.(「욥기」 1장 1절) 그는 자기 자신에 대해서만이 아니라, 자녀에 대해서도 늘 부족한 면이나 잘못된 것이 없는지 돌아보는, "모든 일에 늘 이렇게 신중한" 사람이었습니다.(1장 5절) 그야말로 하나님께서 보증하는 사람이었습니다. "너는 내 종 욥을 잘 살펴보았느냐? 이 세상에는 그 사람만큼 흠이 없고, 정직한 사람, 그렇게 하나님을 경외하며 악을 멀리하는 사람은 없다."(1장 8절) 뿐만 아니라 동방에서 으뜸가는 부자로서 사업도 성공하고 주변 사람들로부터 좋은 평판을 받고 있었습니다.(1장 3절) 그는 이스라엘의 전통적 신앙관에 비추어 볼 때 가장 모범적인 인물이라 할 수 있습니다.

그런데 여기서 사탄은 하나님께 '내기'를 제안합니다. "욥이, 아무 것도 바라는 것이 없이 하나님을 경외하겠습니까? (…) 이제라도 야훼께서 손을 드셔서, 그가 가진 모든 것을 치시면, 그는 야훼 앞에서 야훼를 저주할 것입니다."(1장 9-11절) 사탄의 논리에 따르면 보상을 바라지 않는 신앙이란 있을 수 없다는 것이지요. 사람이란 본래 이기적 존재로서 자신의 생존을 위해서라면 신앙이든 뭐든 쉽게 내버릴 수 있다는 것입니다. "사람은 자기 생명을 지키는 일이라면, 자기가 가진 모든 것을 버립니다."(2장 4절)

「욥기」의 저자는 사탄의 입을 통해 '과연 보상을 바라지 않는 신앙이 가능한가'에 대해 묻고 있습니다. 이는 사실 이스라엘의 전통적인 신앙관에 비추어 볼 때 매우 '도발적'인 질문입니다. 이스라엘 민족에게 축복의 근원은 하나님의 말씀대로 살아가는 데 있었습니다. 「신명기」30장에서 모세가 이스라엘 민족에게 전한 설교의 핵심 주제는 이를 잘 보여 줍니다. 즉, 이스라엘 민족이 하나님의 말씀대로 살아간다

면 하나님께서 그들에게 약속하신 가나안 땅에서 자손 대대로 풍요
롭게 살 수 있겠지만, 하나님의 말씀을 거역하고 이방 종교와 문화를
따른다면 가나안 땅에서 쫓겨나고 모든 것을 잃게 되리라는 것입니
다.(「신명기」 30장 1-20절)

이방 제국에 의해 이스라엘이 패망하고 나서 이스라엘 민족은 자
신들에게 닥쳐온 불행의 원인을 배교(背敎)에서 찾았습니다. 율법과
규례를 지키지 않고 이방 종교와 문화를 따라 살면서 야훼 하나님을
배신했기 때문에 이스라엘이 패망했다는 것입니다. 따라서 이스라엘
민족이 야훼께로 돌아온다면 다시금 다윗-솔로몬 왕이 다스리던 시
절처럼 부강한 국가로 회복될 것이라 믿었습니다. 선하게 살면 야훼
께서 축복하시며 악하게 살면 고통받는다는, 이른바 '인과응보'의 신
앙관을 갖게 된 것입니다. 사실 인과응보는 지극히 상식적이고 보편
적인 윤리관이라고 할 수 있습니다.

그런데 놀랍게도 「욥기」에서는 사탄이 인과응보의 신앙을 옹호하
는 자처럼 등장하고, 반대로 하나님은 이러한 인과응보의 신앙에 비
판적입니다. 「욥기」가 매우 도발적인 책이라는 것은 바로 이러한 점
때문입니다.

「욥기」의 또 다른 주제는 '의로운 자의 고통'입니다. 어째서 선하게
살아가는 자에게 고통이 주어지는가? 세상에는 온갖 악행을 저지르
면서도 평생을 호의호식하면서 사는 사람이 있는가 하면, 아낌없이
선행을 베푼 사람은 정작 고통과 재난 속에서 살아가고 있다. 하나님

이 존재한다면 어째서 이러한 현실을 묵과하는가? 이를 그대로 방치하는 하나님을 과연 정의로운 분이라고 말할 수 있겠는가? 「욥기」의 저자는 이런 곤혹스러운 질문들을 쏟아 놓습니다.

사탄과의 내기가 시작되자 어느 날 갑자기(!) 욥에게 온갖 재난과 고통이 들이닥칩니다. 전 재산을 잃고 자녀들까지 모두 죽임을 당했습니다. 머리부터 발끝까지 악창(고치기 힘든 부스럼)이 생겨 온몸을 질그릇 조각으로 긁어야 했고, 주변의 친구들과 아내까지도 그를 떠나가 버렸습니다. 욥은 무엇 때문에 이런 일이 일어났는지 전혀 알지 못한 채 홀로 남겨졌습니다. '내기'의 당사자인 하나님과 사탄, 그리고 「욥기」를 읽는 독자들만이 욥이 겪고 있는 사태의 시작과 결말을 알 따름입니다.

「욥기」의 저자는 욥의 절절한 절규에 주목하고 있습니다. 욥은 스스로에게 묻습니다. 대체 왜 자신에게 이런 일이 일어났을까? 단순히 육신의 고통 때문만이 아니라 자신에게 주어진 고통의 이유를 알 수 없기 때문에 그는 더욱 견딜 수 없었습니다. "어찌하여 하나님은, 고난당하는 자들을 태어나게 하셔서 빛을 보게 하시고, 이렇게 쓰디쓴 인생을 살아가는 자들에게 생명을 주시는가?"(3장 20절) "전능하신 분께서 나를 과녁으로 삼아 화살을 쏘시니 내 영혼이 그 독을 빠는구나."(6장 4절)

여기서 욥은 하나님과의 손쉬운 타협을 택하지 않습니다. 현실 속에서 겪는 고통을 단순히 내세에서 보상받으면 되는 것으로 여기지 않았던 것입니다. 오히려 그는 현실 속에서 경험하는 고통의 의미에 대해 집요하게 묻고 또 묻습니다. 그런 점에서 욥은 철저한 현실주의 자입니다. 그는 자신의 일 말고도 현실 속에서 벌어지는 비상식적인 일들, 그 부조리함에 대해서도 절규합니다.

어찌하여 악한 자들이 잘 사느냐? 어찌하여 그들이 늙도록 오래 살면서 번영을 누리느냐? 어찌하여 악한 자들이 자식을 낳고, 자손을 보며, 그 자손이 성장하는 것까지 본다는 말이냐? 그들의 가정에는 아무런 재난도 없고, 늘 평화가 깃들며, 하나님마저도 채찍으로 치시지 않는다. 그들의 수소는 틀림없이 새끼를 배게 하며, 암소는 새끼를 밸 때마다 잘도 낳는다. 어린 자식들은, 바깥에다가 풀어놓으면, 양 떼처럼 뛰논다. 소고와 거문고에 맞춰서 목청을 돋우며, 피리 소리에 어울려서 흥겨워하는구나. 그들은 그렇게 일생을 행복하게 살다가, 죽을 때에는 아무런 고통도 없이 조용하게 지하로 내려간다.

—「욥기」 21장 7-13절

어째서 하나님께서는
그런 일들을 허락하시는가?
욥과 친구들의 논쟁

욥의 친구들이 욥을 위로하기 위해 찾아왔습니다. 그들은 처음에 욥을 보고서도 알아보지 못했습니다. 한참 뒤에야 그를 알아보고 옷을 찢으며 통곡을 합니다. "그들은 밤낮 이레 동안을 욥과 함께 땅바닥에 앉아 있으면서도, 욥이 겪는 고통이 너무도 처참하여, 입을 열어 한 마디 말도 할 수 없었다."(「욥기」 2장 13절) 욥은 자신의 생일을 저주하면서 차라리 자신을 죽여 달라고 울부짖습니다.

욥의 불경하기까지 한 항변을 듣다못해 친구들이 그에게 반박을 하였습니다. 친구들은 욥의 고통에는 까닭이 있으며 하나님의 행위를 '이해'해야 한다고 주장합니다. 욥과 친구들의 논쟁은 친구들의 주장에 대해 욥이 반박하는 형식으로 세 차례에 걸쳐 진행됩니다.

헤라르트 세헤르스, 「참을성 많은 욥」, 17세기.

친구들의 주장

친구들의 공통된 주장 가운데 하나는, 욥이 하나님께 지은 죄가 있기 때문에 고통을 당한다는 것입니다. 욥이 받는 고통은 하나님께서 내리신 징계이며, 회개하면 용서를 받으리라는 것입니다. 이는 정확히 이스라엘의 전통적인 인과응보의 신앙관과 일치합니다. "죄 없는 사람이 망한 일이 있더냐? 정직한 사람이 멸망한 일이 있더냐? 내가 본 대로는, 악을 갈아 재난을 뿌리는 자는 그대로 거두더라."(4장 7-8절)

또한 친구들은 하나님의 공의를 의심할 수 없다고 주장합니다. 즉 하나님은 세상의 모든 일에 대해 공평하게 판단하여 정의를 실현하는 분이므로 각자의 공과에 따라 빠짐없이 상벌을 받게 되리라는 것입니다. 그것이 하나님의 공의이며, 세상의 이치라는 것입니다. 욥이 아무리 결백함을 주장해도 하나님 앞에서 감히 자신의 무죄를 주장할 수 없을 것이라고 말합니다.

"너는 전능하신 분께서 공의를 거짓으로 판단하신다고 생각하느냐? (…) 네가 정말 깨끗하고 정직하기만 하면, 야훼께서는 너를 살리시려고 떨치고 일어나셔서, 네 경건한 가정을 회복시켜 주실 것이다. 네 시작은 미약하였지만 네 나중은 심히 창대하리라."(8장 3-7절) 특히 8장 7절은 통상 잘못 해석되는 대표적인 구절의 하나로, 그리스도교를 믿는 가정의 거실이나 새로 개업한 가게에서 흔히 만날 수 있습니다. 뒤에서 더 상세하게 살펴보겠지만, 「욥기」 본문의 맥락에서 보자면 이는 잘못된 주장으로 결론이 납니다. 하나님 앞에서 정직하게 살아간다면 반드시 창대하게 성공하리라는 생각은 하나님의 뜻과 거리가 멀다는 것입니다.

마지막으로 친구들의 주장에 따르면 하나님은 까닭 없이 인간에게 고통을 주지 않으시며, 모든 고통에는 인간에게 교훈을 주시고자 하는 뜻이 담겨 있다고 말합니다. "사람이 받는 고통은, 하나님이 사람을 가르치시는 기회이기도 합니다. 사람이 고통을 받을 때에 하나님은 그 사람의 귀를 열어서 경고를 듣게 하십니다."(36장 15절) "하나님께 징계를 받는 사람은, 그래도 복된 사람이다. 그러니 전능하신 분의 훈계를 거절하지 말아라."(5장 17절) 그런 점에서 하나님께서 욥에게 내리신 징계는 교훈적인 목적으로 주어졌다는 것입니다. 즉, 욥 자신이 회개할 수 있는 기회를 주셨다는 것입니다.

욥의 반박

친구들의 이러한 주장에 욥은 강하게 반발합니다. 특히 친구들이 자신의 고통에 귀 기울이지 않고 그저 판에 박힌 상투적 답변으로 일관하고 있다고 말합니다. "아, 내가 겪은 고난을 모두 저울에 달아 볼 수 있다면, 내가 당하는 고통을 모두 저울에 올릴 수 있다면, 틀림없이 바다의 모래보다 더 무거울 것이다."(6장 2-3절) "내가 이러한 절망 속에서 허덕일 때야말로 친구가 필요한데, 친구라는 것들은 (…) 미덥지 못하고 배신감만 느끼게 하는구나."(6장 14-15절)

여기서 우리는 「욥기」의 고유한 문제의식을 발견하게 됩니다. 인간이 겪는 어떠한 고통도 다른 사람이 대신해 줄 수 없으며, 어떤 교리나 이론으로도 이를 쉽게 해명할 수 없습니다. 그러니 고통에 대한 어떤 교리적, 이론적 설명보다도 그가 처한 상황, 그의 고통과 절규를 있는 그대로 직시하는 것이 더 중요하다는 점입니다. 하지만 욥의 친구들은 욥이 처한 상황과 고통을 충분히 이해할 수 있다고 말합니다. 그 친구들은 '이미' 잘 정돈된 교리적 답변을 지니고 있었습니다. 하지만 욥은 판에 박힌 이러한 상투적 답변을 단호히 거부합니다.

욥은 자신이 겪는 고통만이 아니라 사람들의 인생 전체가 이러한 고통으로 가득 차 있다는 점에 절망합니다. 욥이 목도하는 현실은 하나님의 정의가 제대로 이루어지지 않는 부조리한 세계입니다. 하나님의 뜻에 따라 선하게 살려고 노력한 자신은 이토록 참담한 지경에 이르렀지만, 악한 사람들은 언제나 승승장구하면서 잘 살고 있습니다.(10장 3절) 현실에서는 선한 사람은 망하고 도리어 악한 사람이 흥하고 있습니다.

악행이 버젓이 저질러지는 상황임에도 하나님께서는 전혀 개입하지 않습니다. 부자들이 가난한 자들을 억누르고 착취해도 이를 외면하십니다. 아버지 없는 어린아이를 노예로 팔아 버리고, 빚을 못 갚는다고 자식을 빼앗아 가 버리기도 합니다. 어째서 하나님은 이처럼 상처받고 죽어 가는 사람들의 울부짖음을 못 들은 체하시는가?(24장 9-12절) 더욱 기막힌 것은 악행을 저지른 자들이 늙도록 오래 번영하면서 일생을 행복하게 살다가 아무런 고통 없이 평온하게 죽음을 맞더라는 것입니다. 어째서 하나님께서는 그런 일들을 허락하시는가? 욥의 생각으로는 도무지 알 길이 없습니다.

욥의 친구들은 어설픈 교리와 지식만으로 성급하게 판단합니다. 그들은 세상에서 일어나는 그 어떠한 일에 대해서도 해명할 수 있다고 믿습니다. 하지만 욥은 친구들이 아무리 정교한 논리와 이론을 동원하여 설명해도 그것은 현실과 무관한 빈말에 불과하다고 비판합니다.(21장 34절) 마치 우물 안 개구리처럼 세상에서 일어나는 각종 부조리한 일들에 대해 무지한 친구들을 향해 욥은 이렇게 비난합니다. "너희는 세상을 많이 돌아다닌 견문 넓은 사람들과 말을 해 본 일이 없느냐? 너희는 그 여행자들이 하는 말을 알지 못하느냐? 그들이 하는 말을 들어 보아라."(21장 29-30절)

욥은 더 이상 자신이 하나님의 뜻을 따라 선하게 살아가야 할 이유를 발견하지 못합니다. 선한 자도 악한 자도 하나님의 심판을 받는다는 점에서 다르지 않기 때문입니다. "나에게는 모든 것이 한 가지로만 여겨진다. 그러므로 나는 이렇게 말할 수밖에 없다. '그분께서는 흠이 없는 사람이나, 악한 사람이나, 다 한 가지로 심판하신다.'"(9장 22절) 아무런 흠이 없던 자신이 악인과 마찬가지로 벌을 받는다면, 선한 자나 악한 자가 다를 바가 없다면, 굳이 하나님의 뜻에 따라 선하게 살고자 애쓸 필요가 있을까?(9장 29절) 욥은 탄식하고 또 탄식합니다. "내가 바라던 행복은 오지 않고 화가 들이닥쳤구나."(30장 26절)

이렇듯 「욥기」는 욥의 절규를 있는 그대로 묘사함으로써 인간의 진실한 모습과 마주하도록 만듭니다. 이러한 진실에 귀를 기울일 때 비로소 인간의 고통에 올바르게 접근할 수 있습니다. 교리나 학문의 출발점은 바로 이곳인 것입니다. 욥의 반항적 절규가 친구들의 경건한 답변보다 신앙적으로 더 진실할 수 있는 이유입니다.

인간에게 유리하면 선이고, 불리하면 악인가?
인간중심주의적 사고에 대한 비판

「욥기」의 마지막 부분에 해당되는 38장-41장에 드디어 하나님의 응답이 나옵니다. 하지만 이는 욥이 던진 질문에 대한 대답이라기보다 욥을 향한 하나님의 반문에 가깝습니다. 욥이 전혀 답변할 수 없는 엄청난 질문들이 쏟아져 나오고, 이에 욥의 말문이 막힙니다. 욥은 점차 하나님의 반문에 압도당하면서 결국 자신의 잘못을 인정하기에 이릅니다.(42장) 어찌 보면 매우 폭력적인 결론으로 느껴지기까지 합니다. 하나님께서는 욥에게 무조건 항복 선언을 하라고 요구하시는 것일까요?

욥과 그의 친구들이 공통적으로 지니고 있던 생각은 세상에서 일어나는 일들이 반드시 이해될 수 있어야 하며, 나아가 인간이 가지는 선악의 기준으로 판단될 수 있어야 한다는 것이었습니다. 욥이 하나님에게 항변을 했던 것도 자신의 이러한 통념이 현실에서 적용될 수 없었기 때문입니다. 그래서 욥은 하나님에게 그 모든 책임을 물었던 것입니다. 그런데 이에 대한 하나님의 응답은 정반대의 방향에서 던져집니다. 어째서 세상의 모든 일들이 인간의 사고방식에 맞게 이해되어야 하는가? 인간 자신이 헤아릴 수 없는 일이 있다고 해서 하나님을 탓하는 것이 정당한가? 인간이 하나님처럼 전지전능한 존재라도 되어야 한다는 말인가?

하나님께서는 자연 만물의 법칙과 인간의 삶과 죽음, 자연의 각종 동물들에 대한 질문을 차례로 던집니다. 먼저 욥에게 땅과 하늘의 운행 원리에 대해 묻습니다.

"내가 땅의 기초를 놓을 때에, 네가 거기에 있기라도 하였느냐?
네가 그처럼 많이 알면, 내 물음에 대답해 보아라. 누가 이 땅을
설계하였고 그 위에 측량줄을 띄웠는지 너는 아느냐?"

— 「욥기」 38장 4-5절

"빛이 어디에서 오는지 아느냐? 어둠의 근원이 어디에 있는지 아느냐? 빛과 어둠이 있는 그곳이 얼마나 먼 곳에 있는지, 어떻게 이를 수 있는지 아느냐?"

— 「욥기」 38장 19-20절

"하늘을 다스리는 질서가 무엇인지 아느냐? 또 그런 법칙을 땅에
적용할 수 있느냐?"

—「욥기」 38장 33절

"너는 죽은 자가 들어가는 문을 들여다본 일이 있느냐? 그 죽음
의 그늘이 드리운 문을 본 일이 있느냐?"

—「욥기」 38장 17절

욥을 압도하는 질문들은 계속됩니다. 39장에는 사자와 까마귀, 산
염소, 들사슴, 들나귀, 타조, 말, 독수리 등 각종 동물이 등장합니다.
저자는 이러한 동물들을 거론함으로써 하나님이 인간과 무관한, 혹은
반인간적인 야생 세계까지 돌보고 기르시는 분임을 알려 줍니다.

누가 들나귀를 놓아주어서 자유롭게 해 주었느냐? 누가 날쌘 나
귀에게 매인 줄을 풀어 주어서, 마음대로 뛰놀게 하였느냐? 들판
을 집으로 삼게 하고 소금기 있는 땅을 살 곳으로 삼게 한 것은,
바로 나다. 들나귀가 시끄러운 성읍에서 멀리 떨어져 있으므로,
아무도 들나귀를 길들이지 못하고, 일을 시키지도 못한다. 산은
들나귀가 마음껏 풀을 뜯는 초장이다. 푸른 풀은 들나귀가 찾는
먹이다.

—「욥기」 39장 5-8절

하나님께서는 자신이 욥을 만들었을 뿐만 아니라 '베헤못'과 '리워야단'까지도 다 만들었다고 말씀하십니다.(40장 15절, 41장 1절) 이 동물들은 고대의 신화적 동물로서 둘 다 인간의 능력을 뛰어넘는 무시무시한 괴물입니다. 이 세상을 위협하고 혼돈의 세계로 몰아가는 무서운 동물의 대표적 상징이지요. 이 모든 세계를 만들고 다스리는 존재가 바로 하나님 자신이라는 것입니다. 여기서 하나님은 세계가 인간만을 위해 존재하는 것이 아닐 뿐만 아니라, 심지어 '베헤못'과 '리워야단'처럼 인간에게 적대적인 동물들까지도 함께 살아가는 세계라는 점을 보여 줍니다. 자연 세계가 인간에게 반드시 유용하고 호의적이어야만 하는가? 인간에게 적대적이라고 해서 세계가 악하고 혼돈스럽다고 말할 수 있는가? 하나님께서는 욥의 생각이 어디까지나 지극히 '인간중심주의적인' 편견에 불과할 따름이라고 반박하고 있는 것입니다.

하나님이 욥에게 보여 주는 자연의 섭리 속에서 인간은 결코 만물의 영장이 아닙니다. 만물과 자연현상들 중 인간이 마음대로 통제할수 있는 것은 아무것도 없습니다. 이러한 세계 안에서 인간에게 일어나는 재난이나 고통에 따라 세계 전체의 의미를 임의로 규정할 수는 없습니다. 하지만 욥은 자신이 당하는 고통에 따라 창조 세계 전체를 판단했습니다. 선한 자가 고통을 받는 이 세상이 대체 무슨 의미가 있는가? 하지만 「욥기」의 저자는 하나님께서 창조한 세상이 인간의 유불리와 무관하게, 그리고 인간의 이해 여부와 상관없이 훨씬 기이하

윌리엄 블레이크, 「회오리바람으로 응답하시는 하느님께 자신의 무례함을 고백하는 욥」, 1803~1805년.

고도 복잡한 세계라는 점을 일러 줍니다. 또한 인간이 겪는 고통과 재난을 무조건 하나님의 징벌로 이해하거나 또는 이 세상은 무의미하고 부질없다고 비난하는 것은 온당하지 못하다는 것 또한 알려 주고 있습니다.

「욥기」는 선악의 이분법만으로 나눌 수 없는 현실 자체에 주목합니다. 선도 악도 아니며, 인간에게 유리하거나 불리하지도 않은 세계를 있는 그대로 보여 줍니다. 중세 이래로 신학자들은 선도 악도 아닌 문제가 과연 존재하는가에 대해 많은 논쟁을 벌여 왔습니다. 이를 가리켜 '아디아포라(adiaphora) 논쟁'이라고 부릅니다. 일부 신학자들은 선도 악도 아닌 것, 즉 아디아포라에 속한 것이 존재한다고 인정하기 시작하면 사람들이 임의로 판단하게 되고 결국 통제할 수 없는 사태에 이를 것이라 우려했습니다. 따라서 성서에서 허용한 행위 이외에는 모두 금지되어야 한다는 것이지요. 하지만 만약 악이 아닌 것에 대해 악이라고 규정한다면 그것은 일종의 월권입니다. 이를테면, 밥을 오른손으로 먹는 것이 선이고 왼손으로 먹는 것이 악일 수 없습니다. 그것은 어디까지나 각자의 재량에 따라 알아서 하면 될 일입니다. 삶의 모든 영역을 선악의 문제로 판단하려는 것은 인간의 오만이자 지나친 율법주의가 될 것입니다. 따라서 신학자들은 아디아포라의 영역이 존재한다는 것을 결국 인정할 수밖에 없었습니다.

「욥기」가 비판하는 것은, 세상이 모두 인간 자신만을 위해서 움직인다는 '인간중심주의적'인 세계관입니다. 하지만 인간이 없는 곳에도 비가 내리고 굳은 땅에 풀이 돋아납니다. 인간이 겪는 재난이 자연의 변화와 서로 다른 것이 아닙니다. "사람이 없는 땅, 인기척이 없는 광야에 비를 내리는 이가 누구냐? 메마른 땅을 적시며, 굳은 땅에서 풀이 돋아나도록 하는 이가 누구냐?"(38장 26-27절) 여기서 광야는 사람이 살지 않아도 번성하고 풀이 돋아나 생명이 자라나는 장소입니다. 자연 세계는 결코 인간 유불리에 따라 존재하지 않습니다.

인간중심주의적인 선악 개념에 대해 강력히 비판했던 대표적인 철학자로 니체를 들 수 있습니다. 그는 『도덕의 계보학』에서 이러한 선악 개념이 약육강식의 세계에서 시달려 왔던 인간들에 의해 발명된 것이라고 말합니다. 인간에게 유리하면 선이고, 인간에게 불리하면 악이라고 불러 왔다는 것이지요. 심지어 강한 맹수들을 악한 존재로, 양과 같이 약한 동물을 선한 존재로 그려 왔다는 것입니다. 하지만 이러한 선악 개념은 너무나도 '인간중심주의적인' 편견이라는 것입니다.

철학자 스피노자 역시 『에티카』에서 인간중심주의적 판단에 대해 비판한 바 있습니다. 태양은 인간에게 빛을 비추기 위해 존재하는 것이 아니며, 동식물들 또한 인간의 음식이 되기 위해 존재하는 것이 아니라는 것입니다. 일반적으로 좋고 나쁨을 판단하는 사람들의 기준 역시 인간에게 얼마나 유익하고 해로운가에 있습니다. 인간의 건강과 부에 도움이 되는 것은 선한 것으로, 인간의 생명을 위협하거나 가난하게 만드는 것은 악한 것으로 간주합니다. 스피노자는 사람들의 이러한 판단이 인간중심주의적 편견에 기인한다고 비판했습니다.

예수님의 제자였던 베드로는 꿈속에서 네발짐승과 하늘을 나는 새, 땅에 기어 다니는 동물들을 먹으라는 하나님의 음성을 듣고 이를 거부한 적이 있었습니다. 부정한 것들이라서 먹을 수 없다고 답한 것입니다. 하지만 하나님은 베드로를 책망하였습니다. 하나님 자신이 깨끗하게 한 것을 인간이 속되다고 하는 것이 옳지 않다는 것이었습니다.(「사도행전」 10장 10-15절)

세상은 결코 인간의 유불리에 따라서만 판단될 수 없다는 것이 성서의 기본 입장입니다. 「욥기」는 인간중심주의적 사고의 한계와 문제점을 깨달을 것을 촉구하고 있습니다.

인과응보의 도덕을 넘어서

「욥기」는 이스라엘 민족이 전통적으로 지녀 왔던 윤리적 관점의 한계를 지적하면서 새로운 윤리적 전망을 보여 줍니다. 선을 행하면 그 보상으로 축복을 받고 악을 행하면 그에 상응하는 벌을 받는다는 인과응보의 상식적 도덕관을 넘어서 있을 뿐만 아니라, 사람들이 기대하고 추구하는 선악 개념이 매우 인간중심주의적인 한계를 지니고 있음을 드러냅니다. 뿐만 아니라, 현실에서 마주하는 고통들은 때로 어떤 이유나 까닭 없이 주어질 수도 있음을 알려 줍니다.

구약성서에는 이러한 새로운 윤리적 관점에서 쓰인 또 다른 책이 있는데, 바로 「전도서」입니다. 솔로몬이 집필한 것으로 소개되는 「잠언」과 「전도서」는 기존의 전통적인 윤리관에 대해 서로 상반된 입장을 보여 줍니다. 「잠언」이 도덕적이고 교훈적인 경구를 중심으로 서술되었다면, 「전도서」는 「욥기」와 함께 기존의 전통적인 지혜와 교훈이 갖는 한계를 지적하면서 새로운 윤리적 전망을 내놓습니다. 흔히 「전도서」는 "헛되고 헛되니 모든 것이 헛되도다.", "해 아래 새것은 없다." 등의 구절 때문에 허무주의적 가치관을 지닌 책으로 오해를 받아 왔습니다. 하지만 「전도서」가 말하려는 것은 사람들이 지닌 상식적인 도덕적 교훈에 이의를 제기하면서 삶에서 진정으로 '가치' 있는 것이 무엇인지 성찰하라는 것입니다.

구약의 많은 문헌들이 다윗-솔로몬 왕위의 시절을 가장 영광스러운 시기로 칭송하는 반면, 「전도서」는 다윗-솔로몬 시절의 모든 영화(榮華)가 그저 헛되고 헛되다고 토로합니다. 「전도서」의 저자 솔로몬은 자신이 이룩한 모든 위업들이 다만 '바람을 잡으려는 것'에 불과했다고 말합니다. "내 손으로 성취한 모든 일과 이루려고 애쓴 나의 수고를 돌이켜 보니, 참으로 세상 모든 것이 헛되고, 바람을 잡으려는 것과 같고 아무런 보람도 없는 것이었다."(「전도서」 2장 11절)

「전도서」의 저자는 「잠언」처럼 상식적인 도덕적 교훈을 강조하지 않습니다. 오히려 상식적인 관점에서는 이해될 수 없는 이율배반적인 현실 세계를 보여 줍니다.

"빛이 어둠보다 낫듯이, 슬기로움이 어리석음보다 낫다는 것, 슬기로운 사람은 제 앞을 보지만, 어리석은 사람은 어둠 속에서 헤맨다는 것, 이런 것은 벌써부터 알고 있다. 또한 지혜 있는 사람

에게나 어리석은 사람에게나 똑같은 운명이 닥친다는 것도 알고
있다.”

—「전도서」 2장 13-14절

“세상에서 또 다른 것을 보았다. 빠르다고 해서 달리기에서 이기
는 것은 아니며, 용사라고 해서 전쟁에서 이기는 것도 아니더라.
지혜가 있다고 해서 먹을 것이 생기는 것도 아니며, 총명하다고
해서 재물을 모으는 것도 아니며, 배웠다고 해서 늘 잘되는 것도
아니더라. 불행한 때와 재난은 누구에게나 닥친다.”

—「전도서」 9장 11절

「전도서」의 저자는 인간이 동물보다 탁월한 존재가 아니라고 말합
니다. 인간도 동물과 마찬가지로 흙에서 태어나 흙으로 돌아갈 뿐입
니다. “사람에게 닥치는 운명이나 동물에게 닥치는 운명이 같다. 같은
운명이 둘 다를 기다리고 있다. 하나가 죽듯이 다른 하나도 죽는다.
둘 다 숨을 쉬지 않고는 못 사니, 사람이라고 해서 동물보다 나을 것
이 무엇이냐? (…) 모두 흙에서 나와서, 흙으로 돌아간다.”(3장 19-20
절)

「전도서」의 저자 역시 현실 속에서 벌어지는 부조리를 목격합니다.
“나는 또 세상에서 벌어지는 온갖 억압을 보았다. 억눌리는 사람들이
눈물을 흘려도, 그들을 위로하는 사람이 없다. 억누르는 사람들은 폭

력을 휘두르는데, 억눌리는 사람들을 위로하는 사람이 없다."(4장 1절) "이 세상에서 헛된 일이 벌어지고 있다. 악한 사람이 받아야 할 벌을 의인이 받는가 하면, 의인이 받아야 할 보상을 악인이 받는다. 이것을 보고, 나 어찌 헛되다고 말하지 않을 수 있겠는가?"(8장 14절)

인간은 자신에게 일어나는 일을 다 헤아리지 못합니다. 그러므로 자연적인 재난과 고통을 모두 하나님의 징벌로 여길 필요는 없습니다. 자연에서 벌어지는 일들처럼, 인간의 재난과 불행도 마찬가지로 언제든지 일어날 수 있다는 것입니다. "사람은, 언제 자기에게 불행과 재난이 닥칠지 알지 못한다. 물고기가 잔인한 그물에 걸리고, 새가 덫에 걸리는 것처럼, 사람들도 갑자기 덮치는 악한 때를 피하지 못한다."(9장 12절) "바람이 다니는 길을 네가 모르듯이, 임신한 여인의 태에서 아이의 생명이 어떻게 시작되는지 네가 알 수 없듯이, 만물의 창조자 하나님이 하시는 일을 너는 알지 못한다."(11장 5절)

「전도서」의 저자는 내세를 통해 현실을 보상받으려는 태도보다는, 오히려 삶 속에서 추구해야 할 중요한 가치들에 관심을 둘 것을 강조하고 있습니다. "아, 이제야 나는 알았도다. 즐겁게 사는 것, 그러나, 가능한 한 남에게 좋은 일을 하면서 사는 것. 사람에게 이보다 더 좋은 것이 무엇이겠는가! 사람이 일용할 양식을 먹고 마실 수 있고 자기가 하는 일에 만족을 누릴 수만 있다면 이것이야말로 하나님이 주신 은총이 아니고 무엇이겠는가?"(3장 12-13절)

「전도서」를 현실에 대한 회의적이고 염세적인 가치관을 지닌 책으로 읽는다면 크나큰 오해일 것입니다. 「전도서」는 오히려 현실의 이율배반적인 측면을 있는 그대로 받아들이면서 삶 자체를 긍정하는 성숙한 관점을 보여 주고 있는 것입니다.

보상을 바라지 않는 신앙은 가능할까?

「욥기」의 결론으로 돌아가 보겠습니다. 하나님의 반문에 욥은 아무 말도 할 수 없었습니다. 다만 스스로 자신의 입을 막을 뿐이었습니다. "제가 무엇이라고 감히 주님께 대답할 수 있겠습니까? 다만 손으로 입을 막을 따름입니다. 이미 말을 너무 많이 했습니다. 더 할 말이 없습니다."(「욥기」 40장 4-5절) 하나님의 응답이 끝나자 욥은 다음과 같이 말합니다. "야훼께서는 못 하시는 일이 없으시다는 것을, 이제 저는 알았습니다. 야훼의 계획은 어김없이 이루어진다는 것도, 저는 깨달았습니다. 잘 알지도 못하면서, 감히 야훼의 뜻을 흐려 놓으려 한 자가 바로 저입니다. 깨닫지도 못하면서, 함부로 말을 하였습니다. 제가 알기에는, 너무나 신기한 일들이었습니다."(42장 2-3절)

욥이 벌였던 친구들과의 논쟁은 욥의 판정승으로 끝이 났습니다.

하나님께서는 인과응보의 신앙관을 절대적 기준으로, 이분법적 논리로 삶을 판단하던 친구들의 주장이 갖는 문제점을 지적하셨습니다.

특히 우리가 인과응보의 신앙관을 결과론으로 해석할 때, 물질적으로 성공하고 번영한 사람은 선한 사람이라고 간주하는 잘못을 범하게 됩니다. 실제로 베버의 『프로테스탄티즘 윤리와 자본주의 정신』에 등장하는 청교도들의 윤리관이 그러했습니다. 세속적인 직업에서 성공하는 것이 하나님으로부터 선택받은 은총을 확증해 주는 것이자, 내세에서의 구원을 보증하는 근거가 된다고 믿었던 것입니다. 세속적 직업에서 성공과 번영을 추구하기 위한 노력은 이제 최선을 다해야만 하는 종교적 의무가 되었던 것입니다. 하지만 이는 결국 부를 축적하는 행위를 종교적으로 정당화하려는 시도에 다름 아니었습니다. 인과응보의 윤리관이 빠지기 쉬운 함정입니다.

사실 서두에 나타난 욥의 태도에서 이미 「욥기」의 결론이 예고되어 있었습니다. 욥은 자신에게 주어진 불행에 대해 하나님을 원망하지 않았습니다. "모태에서 빈손으로 태어났으니, 죽을 때에도 빈손으로 돌아갈 것입니다. 주신 분도 야훼시오, 가져가신 분도 야훼시니, 야훼의 이름을 찬양할 뿐입니다."(1장 21절) "우리가 누리는 복도 하나님께로부터 받았는데, 어찌 재앙이라고 해서 못 받는다 하겠소?"(2장 10절)

「욥기」는 사탄의 입을 통해 보상을 바라지 않는 신앙이 가능한지를 물으면서 시작했습니다. 과연 인간이 아무런 이유 없이 하나님을 경외할 수 있을까? 보상이 없어도 하나님에 대한 신앙은 여전히 존재할 수 있는가? 이에 하나님은 그것이 가능하며 욥이야말로 그러한 신앙의 소유자라고 답변하셨습니다. 이제 「욥기」의 말미에서 하나님의 질문이 던져집니다. 아무런 이유도 없는, 무고한 고통에도 불구하고 하나님을 경외할 수 있는가? 이제 욥이 답변할 차례가 되었습니다. 그는 이제 "네, 그러합니다."라고 답변할 수 있게 되었습니다. 여러분은 어떻게 생각하시나요?

5장

그들은 왜 예수님을 죽였는가?

—

「복음서」가 전하는 예수님의 삶과 하나님의 나라

두초 디부오닌세냐, 「마에스타」(시에나 대성당 제단화의 뒷면 그림), 1308~1311년.

메시아를 기다리는 사람들

천 년 이상의 기나긴 역사 드라마를 펼치는 구약성서와 달리, 신약성서는 불과 70년가량 동안 일어난 사건을 다룹니다. 그 내용도 예수님의 메시지와 활동, 그리고 그를 따르는 초기 공동체의 이야기에 집중되지요. 유대교가 구약성서를 경전으로 삼고 있는 반면, 그리스도교는 신약과 구약성서 모두를 경전으로 받아들이고 있습니다. 신약성서 없이 오늘날의 그리스도교는 성립할 수 없었을 것입니다.

서구 그리스도교의 역사에서 예수님의 이미지는 다소 정형화되어 전해져 왔습니다. 어린 양을 사랑스럽게 안고 있거나 죄지은 여인을 사하는 장면을 그려 놓은 성화에서 볼 수 있듯, 예수님은 모든 인류를 아낌없이 사랑하시며 성품이 매우 온화한 분으로 묘사되어 왔습니다. 사랑과 평화의 구세주로서의 이미지로 각인되어 온 것이지요.

하지만 신약성서 속 예수님의 이미지는 정형화되어 있지 않습니다. 때로 예수님은 분쟁을 부추기는 듯한 발언을 하기도 했습니다. "내가 세상에 평화를 주려고 온 줄로 생각하지 말라. 평화가 아니라 칼을 주려고 왔다."(「마태복음」 10장 34절) 성전에서 상행위를 하는 사람들에게 폭력을 사용하기도 했습니다.(21장 12-13절) 자신이 곧 체포될 것을 예감하고 제자들 앞에서 고통스러운 심경을 솔직하게 밝히기도 했습니다. "베드로와 세베대의 두 아들을 데리고 가서, 근심하며 괴로워하셨다. (…) 내 마음이 괴로워 죽을 지경이다. 너희는 여기에 머물러 나와 함께 깨어 있어라."(26장 37-38절)

이처럼 신약성서가 보여 주는 예수님은 매우 다면적이고도 인간적입니다. 그동안 우리가 지녀 온 특정한 이미지, 즉 교리의 틀 안에서 온건하게 순화된 이미지만을 두고 예수님의 본래 모습이라고 할 수는 없지요. 그러한 이미지만 떠올린다면 예수님의 언행에서 드러나는 깊은 분노와 절망, 그리고 유대 사회가 금기시했던 부류의 사람들과도 스스럼없이 어울렸던 그의 행적이 불가사의한 일로 남을 것입니다. 또 어째서 유대인들이 예수님을 그렇게도 증오했고, 그토록 예수님을 처형하라고 목소리를 높였는지도 납득하기 어려울 것입니다.

신약성서에 나타난 예수님의 모습을 이해하려면 당시 유대 사회의 상황을 먼저 이해할 필요가 있습니다. 유대인들은 이스라엘의 패망 이후에 다윗 왕조의 재건에 대한 희망을 품고 있었습니다. 몇 차례의 독립 전쟁까지 벌였지만 번번이 실패로 돌아가고 말았지요. 하나님께서 이스라엘의 독립을 위해 보내 주신다던 메시아는 언제 오실지도 알 수 없었습니다. 예수님을 따르던 사람들은 예수님이 바로 그 메시아라고 믿었지만, 많은 유대인들은 이를 믿지 않았습니다. 예수님의 행적이 유대인들이 기대하던 메시아와 너무도 달랐기 때문입니다.

언젠가 오실 메시아를 기다리며

유대인들은 하나님의 말씀대로 율법과 규례를 따르면서 혈통적 순수성을 지키면 언젠가 구약의 예언대로 이스라엘을 재건할 메시아가 오시리라고 믿었습니다. 이를 위해 예루살렘에 성전을 새로 짓고 정기적으로 제사를 드리는 데 심혈을 기울였습니다. 모든 유대인 남자아이에게는 태어나자마자 할례 의식이 행해졌습니다. 율법에 규정된 대로 조리한 음식만 먹었고 이방 민족이 먹는 음식에는 손도 대지 않았습니다. 안식일 금식 규정 또한 철저하게 지켰습니다. 유대인이 아닌 이방 출신과는 절대로 결혼하지 않았습니다. 이 모든 것은 유대인으로서의 정체성을 확인해 주는 근거였습니다. 지상 어디에도 유대인들의 땅은 존재하지 않았지만, 그들의 민족적 열망은 어느 국가들 못지않게 강력히 유대 공동체를 지탱하고 있었습니다. 이스라엘의 재건이라는 민족적 열망과 야훼 하나님에 대한 신앙은 서로 긴밀하게 결합되어 있었던 것입니다.

한편, 이 때문에 예루살렘 성전에 속한 제사장들의 종교권력이 강화되었습니다. 유대인들은 바벨론 제국에 의해 패망한 이후로 식민 지배를 받으면서도 종교적 자유는 어느 정도 보장받을 수 있었습니다. 바벨론에 의해 파괴된 성전도 다시 지었고 유대인이라면 누구라도 의무적으로 성전세를 바치고 일 년에 한 번 이상 예루살렘 성전으로 와서 제사를 드려야 했습니다. 따라서 성전 주변은 이스라엘 패망 이후에 여러 나라로 흩어졌던 유대인들을 비롯하여 각 지방에서 제사를 드리러 온 사람들로 일 년 내내 북적였습니다. 숙박업소를 구하는 것조차 쉽지 않을 정도였습니다. 제사를 드릴 때에는 예루살렘 성전에서 환전을 하여 비둘기나 양, 송아지 등의 제물을 구입해야 했습니다. 이 과정에서 제사장들이 많게는 수십 배의 폭리를 취하기도 했습니다.

또한, 각종 분쟁이 있을 때에도 대제사장이 주관하는 종교회의(산헤드린)의 결정에 따라야 했습니다. 유대인들에게 종교와 정치, 경제를 비롯한 모든 삶의 중심지였던 성전에서 실질적 권한을 독점했던 사람들이 바로 제사장들이었습니다.

한편 율법은 이방 사람이나 창녀, 장애인, 불치병자 등에 대해 성전 제사에 참여하지 못하도록 규정하였는데, 이 때문에 그들은 종교적으로뿐만 아니라, 사회적, 경제적으로도 소외되거나 배제될 수밖에 없었습니다. 세리(稅吏)들도 성전 제사에 참여할 수가 없었습니다. 세리는 이스라엘을 지배하는 로마제국의 세금 징수원이었기에 모든 유대인들의 원성의 대상이 되었습니다. 일종의 민족의 배신자였던 셈이지요.

기원후 1세기 팔레스타인의 유대 종교는 단일한 사상이나 이념을 지닌 집단으로 구성된 것이 아니었습니다. 대부분의 종파는 이스라엘의 재건을 기대했지만, 미래에 대한 이상은 서로 달랐습니다. 대표적인 유대 종파들로는 사두개파, 바리새파, 에세네파, 젤롯파 등을 들 수 있습니다.

먼저, 사두개파는 제사장들과 귀족을 주축으로 한 종파로, 성전 제사 직무를 비롯하여 유대 사회의 각종 권한과 이권을 독점하던 특권층 집단입니다. 예루살렘 성전의 대제사장 임명권은 로마에 있었으므로 사두개파 사람들은 로마와 우호적인 관계를 유지하려 했습니다. 이들은 예수님에게 가장 적대적인 입장을 지닌 사람들이었습니다.

바리새파는 '분리된'이라는 의미를 지니고 있는데, 특히 유대 민족의 종교적, 혈통적 순수성을 강조함으로써 이교적 영향을 물리쳐 유대 종교의 정체성을 확고하게 지키려 한 종파입니다. 성서를 연구하고 가르치는 랍비(선생님)와 성서를 필사하는 서기관들이 주축을 이루며, 회당을 중심으로 활동하였습니다. 오늘날과 같은 형태의 유대교를 세우는 데 가장 핵심적인 역할을 했습니다.

에세네파는 세속적 삶으로부터 벗어난 금욕적 수행을 중시하던 종파로서, 도시를 떠나 광야에서 생활하면서 재산을 공유하는 소박한 삶을 추구하였습니다. 이들 가운데는 정결 의식(세례)를 통해 거듭난 삶을 살 것을 강조하면서 예루살렘 종교권력자들을 신랄하게 비판하는 부류도 있었는데, 세례 요한이 이에 속했던 것으로 보입니다.

마지막으로, 성서에서 '열심당'으로 번역되기도 하는 젤롯파는 무장 혁명을 통해 유대 민족의 정치적 독립을 추구하던 집단이었습니다. 예수 사후에 로마제국에 대항하여 혁명을 일으켰지만, 70년에 예루살렘 성전의 파괴와 함께 비극적 최후를 맞습니다. 12제자 중에서 베드로가 젤렛파와 연관되었을 것으로 추측되고 있습니다.

예수님은 어떤 메시아였나?

예수님이 십자가에 처형될 때, 그 죄목은 스스로 '유대인의 왕'이 되려 했다는 것이었습니다. 로마제국의 입장에서는, 일종의 정치범 즉 통치에 위협이 될 만한 인물을 제거한 것이지요. 로마는 식민지를 통치할 때, 피식민지의 지도자들과 협력하여 통치하였습니다. 앞에서 언급한 것처럼, 식민 통치에 방해되지 않는 한에서 종교적 관행과 관습을 지킬 수 있도록 자율성을 보장한 것입니다. 반대로, 로마의 통치에 저항하거나 세금 납부를 거부하는 행위 등에는 매우 강경하게 대응하였습니다. 예수님의 예루살렘 입성 당시에 많은 군중이 모여들어 예수님을 메시아로 부르면서 이스라엘의 재건을 이룩할 자로 여겼습니다. 이는 예수님을 로마 권력에 위협이 될 인물로 간주하게 만드는 요인이었습니다.

로마뿐 아니라 유대 종교 지도자들도 예수님을 못마땅하게 여겼습니다. 갈릴리에서 활동하던 예수님께서 유월절 즈음하여 예루살렘에 입성하면서 처음으로 일어난 사건이 이른바 '성전 정화 사건'입니다. 예수께서 예루살렘 성전에 들어가 환전상들을 내쫓고 집기를 뒤엎어

버린 사건입니다. 예루살렘 성전의 제사장과 사두개파 사람들이 환전 차익을 통해서 거대한 이익을 챙기고 있었는데, 예수님께서 이에 정면으로 도전한 것입니다.

뿐만 아니라, 예수님께서는 성전의 붕괴를 예언하기도 하였습니다. "예수께서 성전에서 나와서 걸어가시는데, 제자들이 다가와서, 성전 건물을 예수께 가리켜 보였다. 예수님께서 그들에게 말씀하셨다. 너희는 이 모든 것을 보고 있지 않으냐? 내가 진정으로 너희에게 말한다. 여기에 돌 하나도 돌 위에 남지 않고 다 무너질 것이다."(「마태복

음」24장 1-2절)

　성전의 환전상들과 충돌한 것도 논란이 되기에 충분했는데, 심지어 성전 자체가 아예 무너져 버린다고 독설을 퍼부었던 것입니다. 그러니 제사장들로부터 큰 반감을 살 수밖에 없었을 것입니다. 유대 사회에서 예루살렘 성전은 모든 삶의 중심이자 이스라엘 재건에 대한 희망을 상징하는 것이었고, 유대 종교 지도자들에게는 그들의 지위와 권력을 지탱해 주는 근거지였으니까요. 그런데 예수님께서 성전 자체를 부정하는 발언을 했으니, 유대 종교 지도자들로서는 예수님을 제거해야 할 충분한 이유를 갖게 된 셈입니다. 결국 그들은 예수님을 법정에 고소했습니다.

　한편, 유대 사람들에게 예수님은 메시아에 대한 열망을 불러일으킨 존재였습니다. 예수님 자신이 스스로를 '유대인의 왕', 즉 '메시아'라고 주장한 적은 없었지만, 그를 따르던 사람들은 예수님을 다윗 왕조를 복원시켜 줄 '메시아'라고 생각했습니다. 하지만 예수님은 자신을 왕으로 세우려는 사람들의 요구를 분명히 거절하였고, 그러한 기대를 내보이는 사람들을 되도록 멀리하였습니다. "예수님께서는, 사람들이 와서, 억지로 자기를 모셔다가 왕으로 삼으려고 한다는 것을 아시고, 혼자서 다시 산으로 물러가셨다."(「요한복음」6장 15절)

　예수님의 제자들에게도 '유대인의 왕'으로서의 메시아에 대한 기대가 있었습니다. 베드로는 예수님을 그리스도(메시아를 헬라어로 그리스도라고 부릅니다.)라고 고백하면서 기대감을 내보이기도 했습니다.(「마가복음」 8장 29절) 하지만 예수님은 도리어 자신은 곧 죽임을 당할 것이라고 답하였습니다. 베드로가 이를 받아들이지 않자 예수님은 그를 크게 책망하였습니다.(「마가복음」 8장 33절) 이는 예수님과 제자들 간에도 메시아에 대한 생각이 크게 달랐음을 보여 줍니다. 예수님께서 승천하는 마지막 장면에서까지도 제자들은 이스라엘 국가의 회복이라는 민족적 열망을 놓지 못하고 있었습니다. "주께서 이스라엘 나라를 회복하심이 이때입니까?"(「사도행전」 1장 6절)

그렇다면, 예수님이 생각하는 메시아는 어떤 것이었을까요? 그가 생각하는 메시아가 무엇인지는 예수님이 유대 종교 지도자들로부터 심문을 받고 빌라도에게 재판을 받는 과정에서 잘 나타납니다. 로마 법정으로 예수님을 인계하기 전에 유대 지도자들은 유대인들의 최고 의결기관인 산헤드린에서 예비 심문을 했습니다. 과연 자신을 '하나님의 아들, 그리스도'라고 여기는지 자백을 받으려는 것이었습니다. 하지만 예수님은 자신이 메시아인지 아닌지 명시적으로 밝히지 않으려 합니다. "대제사장이 예수께 말하였다. (…) 그대가 하나님의 아들, 그리스도요? 예수님께서 그에게 대답하셨다. 당신이 그렇게 말하였다."(「마태복음」 26장 63-64절)

유대 제사장들은 빌라도 총독에게 예수님을 정식으로 고소하였으나, 빌라도는 유대 내부의 문제이므로 자체적으로 해결하라고 말합니다. 종교적인 문제에 휘말리고 싶지 않았던 것입니다. 하지만 유대 지도자들은 예수가 스스로 유대인의 왕이 되려 했다고 하면서 그를 반

역죄로 처형하라고 요구하였습니다. 결국 빌라도는 예수님에게 십자가형을 내리기로 하고, 그를 유대 사람들에게 넘겨주었습니다. 유대 제사장들은 예수님을 골고다라고 불리는 처형 장소로 데려갔습니다. 로마 군인들이 예수님을 십자가에 못 박았습니다. 예수님의 십자가 위 명패에는 그를 조롱하듯이 "유대인의 왕"이라는 글씨가 쓰여 있었습니다.

아이러니하게도 예수님 자신은 '유대인의 왕'이 될 생각이 없었지만, 그의 죄목은 '유대인의 왕'이었던 것입니다. 예수님은 자신의 나라가 세상의 국가에 속하지 않았다고 명백히 밝히고 있었습니다. 다시 말해, 자신은 이 세상이 아닌 '하나님의 나라'의 메시아라는 것입니다.(「요한복음」 18장 36-37절) 그렇다면, 예수님이 말하는 '하나님의 나라'는 어떤 곳일까요? 그곳은 유대 사람들이 생각하던 것과는 많이 달랐습니다.

하나님의 나라는 어떤 곳인가?

유대인들의 기대와는 달랐던 하나님의 나라

예수님께서 갈릴리에서 활동하기 시작할 때 그의 최초의 메시지는 하나님의 나라가 가까이 왔다는 것이었습니다.

예수님께서 (…) 나사렛을 떠나, 스불론과 납달리 지역 바닷가에 있는 가버나움으로 가서 사셨다. 이것은 예언자 이사야를 시켜서 하신 말씀을 이루시려는 것이었다. "스불론과 납달리 땅, 요단강 건너편, 바다로 가는 길목, 이방 사람들의 갈릴리, 어둠에 앉아 있는 백성이 큰 빛을 보았고, 그늘진 죽음의 땅에 앉은 사람들에게 빛이 비치었다." 그때부터 예수님께서는 "회개하여라. 하나님의 나라가 가까이 왔다." 하고 선포하기 시작하셨다.

복음(福音, gospel), 곧 기쁜 소식은 다름 아닌 메시아가 오셨다는 소식이며, 메시아를 통해 하나님의 나라가 시작된다는 소식이기도 합니다. "율법과 예언자들의 글은 세례 요한 때까지다. 그 뒤로부터는 하나님의 나라가 기쁜 소식(복음)으로 전파된다."(「누가복음」16장 16절) '하나님의 나라'에 대한 기대는 이스라엘 사람들이 바벨론의 포로로 끌려간 이후에 더욱 강렬하게 나타났습니다. 메시아가 도래함으로써 모든 불의와 억압, 슬픔이 사라지고 지상에는 이스라엘 국가가 회복되고 하나님의 정의가 선포되리라는 것입니다.

하지만 예수님께서는 이스라엘의 재건에는 그다지 관심을 드러내지 않았습니다. 메시아에 대한 생각도 전혀 달랐습니다. 복음서들은 예수님을 그리스도(메시아)라고 하면서도, 그를 이스라엘의 정치적 독립을 위해 오신 분으로 묘사하지 않았습니다. 예수님 자신도 예루살렘에 입성할 때 자신을 스가랴가 예언한 것처럼 '나귀 타고 오시는' 비천한 메시아로 등장시켰습니다. 사람들에게 멸시를 받는 볼품없는 메시아라는 것입니다.

도성 시온아, 크게 기뻐하여라. 도성 예루살렘아, 환성을 올려라. 네 왕이 네게로 오신다. 그는 공의로우신 왕, 구원을 베푸시는 왕이시다. 그는 온순하셔서, 나귀 곧 나귀 새끼인 어린 나귀를 타고

조토 디본도네, 「예루살렘 입성」, 1305년.

오신다. 내가 에브라임에서 병거를 없애고, 예루살렘에서 군마를
없애며, 전쟁할 때에 쓰는 활도 꺾으려 한다. 그 왕은 이방 민족
들에게 평화를 선포할 것이며, 그의 다스림이 이 바다에서 저 바
다까지, 유프라테스강에서 땅 끝까지 이를 것이다.

—「스가랴서」 9장 9-10절

하나님의 나라는 유대 사람들이 생각하듯 이스라엘 재건이나 군사력으로 통치하는 기존의 국가와는 전혀 다릅니다. 전쟁이 아니라 평화를 통해서 하나님의 나라가 실현된다는 것이었습니다. 예수님은 하나님의 나라와 세상의 나라를 구분하였습니다. "내 나라는 이 세상에 속한 것이 아니다. 내 나라가 세상에 속한 것이라면, 내 부하들이 싸워서, 나를 유대 사람들의 손에 넘어가지 않게 했을 것이다. 그러나 내 나라는 이 세상에 속한 것이 아니다."(「요한복음」 18장 36절) 예수님은 이스라엘 국가의 재건을 추구하던 유대 사람들의 민족적 열망에 동조하기는커녕 오히려 이를 비판하였습니다. 하나님의 나라와 이스라엘 국가의 재건은 서로 상관이 없다는 것입니다.

역설 속에 놓인 하나님의 나라

예수님께서 선포한 하나님의 나라는 지상에 세워질 어떤 특정한 국가가 아니었습니다. 그렇다고 내세에 존재하는, 혹은 영적인 의미만을 지닌 국가 또한 아니었습니다. 하나님의 나라는 단적으로 말해 하나님의 절대적인 통치가 실현되는 나라입니다. 예수님이 가르친 하나님의 나라의 윤리가 기존의 상식이나 율법의 기준을 뛰어넘는 것은 이런 이유에서입니다. "하나님이 온전하신 것처럼 너희도 온전하라."(「마태복음」 5장 48절)

하나님의 나라에서 말하는 복(福)은 통상적인 복의 개념과는 많이 다릅니다. 예수님은 흔히 팔복이라고 이야기되는 8가지 복의 종류에 대해 다음과 같이 언급하고 있습니다.

마음이 가난한 사람은 복이 있다. 하나님의 나라가 그들의 것이다.

슬퍼하는 사람은 복이 있다. 그들이 위로를 받을 것이다.

온유한 사람은 복이 있다. 그들이 땅을 차지할 것이다.

의에 주리고 목마른 사람은 복이 있다. 그들이 배부를 것이다.

자비한 사람은 복이 있다. 그들이 자비함을 입을 것이다.

마음이 깨끗한 사람은 복이 있다. 그들이 하나님을 볼 것이다.

평화를 이루는 사람은 복이 있다. 그들이 하나님의 자녀라고 불
릴 것이다.

의를 위하여 박해를 받은 사람은 복이 있다. 하나님의 나라가 그
들의 것이다.

너희가 나 때문에 모욕을 당하고, 박해를 받고, 터무니없는 말로
온갖 비난을 받으면, 너희에게 복이 있다.

너희는 기뻐하고 즐거워하여라. 하늘에서 받을 너희의 상이 크기
때문이다. 너희보다 먼저 온 예언자들도 이와 같이 박해를 받았다.

—「마태복음」 5장 3-12절

여기서는 마음이 가난하고, 슬퍼하고, 의를 위해 박해받고, 모욕을
당하는 사람들이 복이 있다고 말합니다. 사람들이 추구하는 무병장수
나 재산 증가, 성공 등은 팔복에 해당하지 않습니다. 오히려 현실에서

매우 힘들게 살아가는 사람들을 가리켜 그들이 복이 있다고 하는 것입니다. 이는 통상적인 기준과는 달리, 하나님의 나라의 기준에서 볼 때 복이 있다는 것입니다.

예수님께서 말씀하시는 하나님의 나라의 윤리 역시 마찬가지입니다. 자신의 눈이 죄를 지으면 눈을 뽑고, 자신의 손이 죄를 지으면 손을 자르라는 것입니다. 겉으로 드러난 죄만이 아니라 속마음까지 철저해야 한다는 것이지요. 또한, 왼뺨을 때리면 오른뺨을 대어야 하고, 겉옷을 달라고 하면 속옷까지 주라고 말씀하였습니다. 오른손이 한 일을 왼손이 모를 정도로 아무런 보상을 바라지 말고 무조건적인 선행을 베풀라는 것입니다. 심지어 일곱 번씩 일흔 번이라도 용서해 주라고 하였습니다. 기본적인 생계조차 어렵던 사람들에게 예수님은 무엇을 먹을까, 무엇을 입을까 걱정하기보다는 먼저 하나님의 나라와 그 의를 구하라고 하셨습니다.(6장 31-33절) 이러한 하나님의 나라의 윤리를 그대로 실천하기란 거의 불가능에 가까워 보입니다.

바리새파 사람들은 율법의 요구 사항을 최선을 다해 지키고자 하였습니다. 하지만 예수님은 사람들에게 바리새파 사람들보다 '더 나은 의'를 요구하였습니다. "너희의 의가 율법학자들과 바리새파 사람들의 의보다 낫지 않으면, 너희는 하늘나라에 들어가지 못할 것이다."(5장 20절) "너희를 사랑하는 사람만 너희가 사랑하면, 무슨 상을 받겠느냐? 세리도 그만큼은 하지 않느냐? 또 너희가 너희 형제자매들에게만 인사를 하면서 지내면, 남보다 나을 것이 무엇이냐? 이방 사람들도 그만큼은 하지 않느냐?"(5장 46-47절) 예수님의 이러한 가르침을 들은 사람들은 매우 놀라워했습니다. 그전까지 랍비들로부터 듣던 가르침과는 너무도 달랐기 때문이었습니다. "예수님께서 이 말씀을 마치시니, 무리가 그의 가르침에 놀랐다."(7장 28-29절)

예수님의 이러한 주장을 우리는 어떻게 받아들이면 좋을까요? 하나님의 나라의 윤리는 너무 이상적이므로 현실에 맞게 적당하게 절충해서 지키면 될까요? 하지만 그것은 도리어 하나님의 나라의 윤리를 크게 오해하게 만들 것입니다. 하나님의 나라의 윤리를 올바르게 이해하려면 그것의 역설적 특징부터 파악할 필요가 있습니다. 바리새파 사람과 세리의 기도에 대한 예수님의 비유가 이러한 특징을 잘 보여 줍니다.

스스로 의롭다고 확신하고 남을 멸시하는 몇몇 사람에게 예수님께서는 이 비유를 말씀하셨다. "두 사람이 기도하러 성전에 올라갔다. 하나는 바리새파 사람이고, 다른 하나는 세리다. 바리새파 사람은 서서, 혼잣말로 이렇게 기도하였다. '하나님, 감사합니다. 나는, 강제로 빼앗는 자나 불의한 자나 간음하는 자와 같은 그런 다른 사람들과 같지 않으며, 이 세리와도 같지 않습니다. 나는 7일에 두 번씩 금식하고, 내 모든 소득의 십분의 일을 바칩니다.' 그런데 세리는 멀찍이 서서, 하늘을 우러러볼 엄두도 못 내고, 가슴을 치며 "아, 하나님, 이 죄인에게 자비를 베풀어 주십시오." 하고 말하였다. 내가 너희에게 말한다. 의롭다는 인정을 받고서, 자기 집으로 내려간 사람은 저 바리새파 사람이 아니라, 이 세리다. 누구든지 자기를 높이는 사람은 낮아지고, 자기를 낮추는 사람은 높아질 것이다."

—「누가복음」 18장 9-14절

바리새인의 기도와 세리의 기도는 정반대의 결과를 보여 줍니다. 바리새인은 스스로를 의롭다고 여기는 사람으로 등장합니다. 그는 자기가 만들어 낸 '바람직한 신앙'을 믿으면서 그것을 정당화하는 기도를 드리고 있습니다. 그러한 자신을 하나님도 인정해 마지않으리라는 굳건한 확신으로 가득합니다. 그의 기도는 자신을 드높이면서 다른 사람들과 차별화하는 방식을 취합니다.

반면, 세리는 스스로를 의롭다고 여기지 않는 사람입니다. 그는 이전까지 살아온 '바람직하지 못한' 삶을 참회하면서 처절하게 몸부림치고 있습니다. 그는 자신이 그동안 살아온 삶이 하나님이 요구하는 정의에서 얼마나 동떨어져 있는지 절감합니다.

하지만 여기서 중요한 반전이 일어납니다. 세리는 스스로를 죄인으로 여김으로써 역설적이게도 신앙에 대한 새로운 안목과 통찰을 얻습니다. 즉, 바리새인은 자신이 만들어 낸 하나님을 확고하게 믿었지만, 세리는 하나님 자신과 인간이 생각하는 하나님 사이에 영원히 좁혀질 수 없는 절대적 차이가 있음을 직시하게 된 것입니다. 예수님께

바리새인과 세리의 이야기를 표현한 삽화, 15세기.

서 제시하는 진정한 신앙의 차원은 '역설적'인 방식을 통해서만 표현
이 가능합니다. 자신이 죄인임을 자각할 때에만 의인일 수 있으며, 자
신을 의인으로 여길 때에는 도리어 죄인일 수밖에 없다는 것입니다.

　하나님의 나라는 이러한 역설 속에서 그 진정한 의미가 드러납니

다. 어찌 눈을 뽑고 손을 자를 수 있을까요? 오른손이 한 일을 왼손이 모르게 할 수 있을까요? 예수님께서 말씀하시는 하나님의 나라의 윤리는 그 자체로 실현 불가능합니다. 하지만 예수님께서는 이를 우리가 추구해야 할 윤리의 방향이자 기준점으로 제시합니다.

선행의 경우를 예로 들어 보겠습니다. 선행이란 그 어떠한 대가나 보상도 바라지 않는 순수한 행위여야 합니다. 유명해지기를 바라거나 보상금을 노리고 선행을 한 것이라면 이는 진정한 의미의 선행이 아닙니다. 하지만 우리는 자신이 베푼 작은 선행에 대해서조차 어떤 기대감을 갖습니다. 내가 베푼 선행으로 누군가 행복했으면 하는 마음까지 없앨 수는 없을 것입니다. 하시만 하나님의 나라의 윤리적 기준에서는 그러한 기대조차 우리 자신에게 일종의 대가나 보상이 될 수 있습니다. 이러한 기대조차도 없을 정도여야 진정한 선행에 가까워질 수 있는 것입니다.

그렇다면 진정한 선행은 불가능할 수밖에 없습니다. 기껏해야 진정한 선행을 위해 최선을 다해 노력할 수 있을 따름입니다. 바리새인과 세리의 사례를 여기에 적용해 볼 수 있겠습니다. 바리새인처럼 자신의 선행에 스스로 만족하면서 이를 과시하는 사람이 있겠고, 세리처럼 선행을 위해 최선을 다하지만 언제나 부족하다는 것을 절감하는 사람이 있을 수 있습니다. 하나님의 나라의 윤리적 기준에서 보자면, 후자의 경우가 하나님의 나라에 더 부합합니다. 자신의 노력으로는 진정한 선행을 행하는 것이 불가능하다는 것을 인정하면서도 진정한 선행을 위하여 최선을 다하기 때문입니다. 그것이 하나님의 나라의 윤리가 갖는 역설적 특징입니다. 하지만 유대 사람들은 예수님께서 말씀하신 이러한 하나님의 나라가 이스라엘의 재건과 어떻게 다른지 여전히 이해하지 못했습니다.

예수님의 무한 도전

율법주의자들과 대결하다

예수님께서 안식일에 밀밭 사이로 지나가고 있었습니다. 그런데 제자들이 배가 고파서 밀 이삭을 잘라서 먹기 시작합니다. 바리새파 사람들이 이것을 보고 예수님께 말하였습니다. "보십시오. 당신의 제자들이 안식일에 해서는 안 되는 일을 하고 있습니다." 예수님께서는 그들에게 말씀하셨습니다. "다윗과 그 일행이 굶주렸을 때에, 다윗이 어떻게 했는지를, 너희는 읽어 보지 못하였느냐? 다윗이 하나님의 집에 들어가서, 제단에 차려 놓은 빵을 먹지 않았느냐? 그것은 오직 제사장들밖에는, 자기도 그 일행도 먹어서는 안 되는 것이었는데 말이다. 또 안식일에 성전에서 제사장들이 안식일을 범해도 그것이 죄가 되지 않는다는 것을, 율법책에서 읽어 보지 못하였느냐?"(「마태복음」 12

장 3-5절)

유대 사람들에게 안식일과 할례 규정은 율법 전체에서도 매우 결정적인 의미를 지닌 것이었습니다. 율법 준수를 중시하는 바리새파 유대인으로서 안식일에 밀 이삭을 잘라서 먹는 행위를 비판하는 것은 당연합니다. 하지만 예수님은 도리어 율법이 존재하는 이유에 대해 강조합니다. "안식일이 사람을 위하여 생긴 것이지, 사람이 안식일을 위하여 생긴 것이 아니다."(「마가복음」 2장 27절)

율법 조항을 지키는 것은 마음에서 우러나와 진심으로 하나님의 뜻에 따르는 것이어야 하며, 율법주의자들처럼 밖으로 드러나는 종교적 행위로 판단되어선 안 된다는 것입니다. 율법이란 사람을 옭아매는 멍에가 아니라, 하나님의 뜻을 실현하는 방편이라는 것입니다. 예수님께서는 도리어 그들에게 이렇게 반문을 던집니다. "너희에게 물어보겠다. 안식일에 착한 일을 하는 것이 옳으냐? 악한 일을 하는 것이 옳으냐? 목숨을 구하는 것이 옳으냐? 죽이는 것이 옳으냐?" (「누가복음」 6장 9절)

이는 안식일 규정만이 아니라 율법 전반에 적용될 수 있습니다. 식사 전에 손을 씻는 규정에 관해서도 논쟁이 벌어집니다. 여기서도 율법주의자들은 외적 규정만을 문제 삼을 뿐입니다. 하지만 예수님께서는 그들의 태도가 여전히 하나님의 계명을 마음으로 지키는 것과 거리가 멀다고 비판합니다.

바리새파 사람들과 율법학자들이 예수께 물었다. "왜 당신의 제
자들은 장로들이 전하여 준 전통을 따르지 않고, 부정한 손으로
음식을 먹습니까?" 예수님께서 대답하셨다. "이사야가 너희 같은
위선자들을 두고 적절히 예언하였다. 이렇게 기록되어 있다. '이
백성은 입술로는 나를 공경해도, 마음은 내게서 멀리 떠나 있다.
그들은 사람의 훈계를 교리로 가르치며, 나를 헛되이 예배한다.'
너희는 하나님의 계명을 버리고, 사람의 전통을 지키고 있다."

—「마가복음」 7장 5-8절

예수님께서 율법 자체를 없애거나 거부하라고 주장한 적은 없습니
다. 하지만 율법이 인간의 삶을 억압하는 수단으로 변질된다면 율법
본연의 취지에 어긋난다는 점을 지적한 것입니다. 문제는 율법이 불
치병자와 장애인, 세리, 창녀들을 죄인으로 규정하는 차별의 근거로
악용되고 있었다는 점입니다. 뿐만 아니라 유대인들의 특권 의식, 배
타적 유대 민족주의를 정당화하면서 율법을 종교권력을 유지하는 수
단으로 만들고 있었습니다. 율법주의자들에 대한 예수님의 비판은 이
러한 문제점을 지적하고 있는 것입니다.

사회적 약자와 타자들에 대한 사랑

율법주의자들은 곧잘 예수님에 대해 이렇게 표현하곤 했습니다. "보
아라, 저 사람은 먹기를 탐하는 자요, 포도주를 즐기는 자요, 세리와

죄인의 친구로다." (「마태복음」 11장 19절) 예수님을 비난하는 표현이 지만, 한편으로 예수님의 평소 행적을 잘 보여 주는 흥미로운 설명이 아닐 수 없습니다. 그러니까 예수님과 주로 어울린 사람들이 주로 세리와 죄인들이었다는 것입니다. 예수님께서는 유대 사회에서 죄인으로 규정되면서 가장 배제되고 소외된 사람들과 함께 먹고 마시며 그들의 가장 친근한 친구가 되었습니다. 그는 특히 '죄'를 사함으로써 그들이 더 이상 죄인으로 살지 않도록 해 주었습니다.

> 율법학자 몇이 거기에 앉아 있다가, 마음속으로 의아하게 생각하였다. '이 사람이 어찌하여 이런 말을 할까? 하나님을 모독하는구나. 하나님 한 분밖에, 누가 죄를 용서할 수 있는가?' 예수님께서, 그들이 속으로 이렇게 생각하는 것을 곧바로 마음으로 알아채시고 말씀하셨다. "어찌하여 너희는 마음속에 그런 생각을 품고 있느냐? (…) 인자가 땅에서 죄를 용서하는 권세를 가지고 있음을 너희에게 알게 하겠다."
>
> —「마가복음」 2장 6-10절

율법학자들은 예수님의 이런 행위를 신성모독으로 여겼습니다. 누가 감히 율법에 규정된 죄를 사하여 준단 말인가? 율법주의자들의 시각에서 보자면, 죄인 여부를 결정할 권한은 최고 종교법정에 있었습니다. 하지만 예수님께서는 이를 직접 선언했고 율법학자들은 이를

율법에 대한 정면 도전으로 여긴 것입니다. 하지만 예수님은 죄를 사하는 행위를 멈추지 않았습니다. 「요한복음」 8장에도 이와 관련된 유명한 일화가 등장합니다.

어느 날 율법학자들이 예수 앞에 간음한 여인을 끌고 옵니다. 그들은 예수께 이렇게 묻습니다. "율법에 따르자면 이 여인은 돌로 쳐 죽여야 합니다. 당신이라면 어찌하겠습니까?" 만약 이 여인을 그냥 놓아주라고 한다면, 예수님은 율법 위반으로 고발될 것입니다. 그렇지 않고 여인을 돌로 치라고 한다면 율법주의자들에게 항복한 격이 될 것입니다. 율법주의자들의 전형적인 수법이지요. 어느 쪽을 택하든

질 수밖에 없는 게임입니다. 결과는 어떻게 되었을까요? 잘 알려져 있듯이 이 일화의 결말은 다음과 같습니다. "너희 중에 죄 없는 자가 있다면 그가 먼저 돌을 던지라."(「요한복음」 8장 7절) 그 말을 들은 사람들은 하나 둘씩 그 자리를 떠났고, 결국엔 그 여인과 예수 외에는 아무도 남아 있지 않았습니다.

간음한 여인의 일화 외에도 예수님께서 죄를 사해 주는 행위는 복음서에 무수하게 등장합니다. 예수께 많은 병자들과 장애인이 찾아왔으며, 또한 예수께서 여러 차례 그들을 직접 찾아가기도 하셨습니다. 이들도 죄인으로 여겨졌기 때문입니다. 그들의 죄를 사해 준다는 것의 의미를 따져 볼 필요가 있습니다. 이는 그들이 사회에서 정상인으로 살아갈 수 있도록 해 준다는 뜻입니다. 즉, 여느 유대인과 마찬가지로 성전에 들어가 제사를 드릴 수 있는 것입니다.

나병 환자 한 사람이 예수께로 와서, 그 앞에 무릎을 꿇고 "선생님께서 하고자 하시면, 나를 깨끗하게 해 주실 수 있습니다." 하고 간청하였다. 예수님께서 그를 불쌍히 여기시고, 손을 내밀어 그에게 대시고 "그렇게 해 주마. 깨끗하게 되어라." 하고 말씀하시니, 곧 나병이 그에게서 떠나고, 그는 깨끗하게 되었다. (…) 예수님께서 그에게 말씀하셨다. "아무에게도 아무 말도 하지 말아라. 가서, 제사장에게 네 몸을 보이고, 네가 깨끗하게 된 것에 대하여 모세가 명령한 것을 바쳐서, 사람들에게 증거로 삼도록 하여라." 그러나 그는 나가서, 모든 일을 널리 알리고, 그 이야기를 퍼뜨렸다.
—「마가복음」 1장 40-45절

예수님께서는 나병 환자에게 병이 깨끗하게 나았다는 사실을 제사장에게 가서 밝히라고 명하였습니다. 그가 더 이상 죄인이 아니며 여느 유대인과 마찬가지라는 사실을 공개적으로 인정받도록 한 것입니다. 예수님의 이러한 행적들은 단순히 초자연적인 기적을 과시하려는 것에 그 목적이 있지 않았습니다. 그보다는 율법에 의해 유대 사회에서 배제되던 타자들을 더 이상 차별받지 않도록 하려는 것이었습니다.

이웃에 대한 사랑: 과연 나의 이웃은 누구인가?

'선한 사마리아인의 비유'는 복음서에 등장하는 예수님의 비유 가운데 가장 도발적인 내용일 듯합니다. 어느 율법 교사가 예수님을 찾아옵니다. 율법에 대한 예수님의 학식을 시험해 보고, 또한 자신의 학식이 더 풍부함을 드러내고자 함이었습니다. 율법의 가르침이 무엇이냐는 예수님의 질문에 그는 명쾌하게 답변합니다. "'네 마음을 다하고 네 목숨을 다하고 네 힘을 다하고 네 뜻을 다하여, 주 너의 하나님을 사랑하여라.' 하였고, 또 '네 이웃을 네 몸같이 사랑하여라.' 하였습니다."(「누가복음」 10장 27절) 말 그대로 정답입니다.

하지만 그는 여기서 그치지 않았습니다. 다시금 예수님께 물었습니다. "그러면, 율법에서 사랑하라고 말하는 그 '이웃'은 대체 누구입니까?" 이는 죄인들과 어울리던 예수님의 그간의 행적에 대한 공격을 담은 질문이었습니다. 죄인들을 이웃이라고 규정한다면 예수님 스스로 율법을 어기는 것이 될 것이고, 일반적인 유대인만을 지칭하는 것이라면 죄인들과 어울리던 그간의 예수님의 행적이 문제가 있었음을 스스로 인정하는 결과가 되는 것입니다. 어떤 대답을 하더라도 빠져나가기 어려운 고단수의 질문이었던 셈입니다.

그런데 예수님께서 갑자기 '선한 사마리아인'의 비유를 들려줍니다. 당시 사마리아 사람들은 유대인이 가장 멸시하던, 그래서 서로 상종도 하지 않던 이방인이었습니다. 사마리아인들이 우물에 물을 길러 오는 시간에는 유대인들은 그 근방에 얼씬도 하지 않았습니다. 그들과 상종하는 것을 수치스럽게 여긴 까닭입니다.

예수님께서 (율법 교사에게) 말씀하셨다. "어떤 사람이 예루살렘에서 여리고로 내려가다가 강도들을 만났다. 강도들이 그 옷을 벗기고 때려서, 거의 죽게 된 채로 내버려 두고 갔다. 마침 어떤 제사장이 그 길로 내려가다가, 그 사람을 보고 피하여 지나갔다. 이와 같이, 레위 사람도 그곳에 이르러서, 그 사람을 보고 피하여 지나갔다. 그러나 어떤 사마리아 사람은 길을 가다가, 그 사람이 있는 곳에 이르러, 그를 보고 측은한 마음이 들어서, 가까이 가서, 그 상처에 올리브기름과 포도주를 붓고 싸맨 다음에, 자기 짐승에 태워서, 여관으로 데리고 가서 돌보아 주었다. 다음 날 그는

반 고흐, 「선한 사마리아인」, 1890년.

두 데나리온을 꺼내어서, 여관 주인에게 주고, 말하기를 '이 사람
을 돌보아 주십시오. 비용이 더 들면, 내가 돌아오는 길에 갚겠습
니다.' 하였다. 너는 이 세 사람 가운데서, 누가 강도 만난 사람에
게 이웃이 되어 주었다고 생각하느냐?" 그가 대답하였다. "그에
게 자비를 베푼 사람입니다." 예수님께서 그에게 말씀하셨다. "가
서, 너도 그와 같이 하여라."

—「누가복음」 10장 30-37절

위의 예수님의 비유는 단순히 강도 만난 사람을 만나면 도와주어
야 한다는 교훈을 전해 주려는 것이 아닙니다. 누가 율법의 가르침대
로 실천하는 사람이냐는 것입니다. 여기에 세 명의 등장인물이 나옵
니다. 첫 번째 인물인 제사장은 율법 규례대로 제사 행위를 전담하는
'성직자'입니다. 두 번째 등장인물인 레위 사람 역시 제사장을 도와
제사를 비롯한 일체의 종교 업무를 맡은 사람을 가리킵니다. 결국 앞
의 두 사람은 유대인 가운데서 성전 제사를 전담하는 인물들로, 유대
사회 내에서도 이른바 '진골'에 속하는 셈입니다. 그런데 강도 만난
사람을 도와준 사람은 엉뚱하게도 유대인들이 가장 수치스럽게 여기
고 멸시하던 그 '사마리아' 사람이었습니다. 그러니 사마리아 사람의
행위야말로 율법의 가르침대로 실천하는 진정한 이웃 사랑이라는 것
입니다.

이는 사실상 유대인의 배타적 민족주의와 선민사상 전체를 뒤흔드

는 비유라 할 수 있습니다. 진정으로 율법을 실천한 사람은 율법을 소유한 유대인이 아니라 이방인 취급을 받던 사마리아 사람이었기 때문입니다. 이웃의 자격과 조건을 따지고자 했던 율법 교사는 그만 말문이 막히고 맙니다. 예수님의 비유는 율법에서 말하는 이웃에 대한 사랑은 자격이나 조건과 상관없이 타자에게 사랑을 베푸는 것임을 명확하게 지적하고 있었던 것입니다.

이제 예수님께서 율법 교사에게 질문을 던집니다. "그렇다면 누가 하나님을 가장 사랑하는 자이냐? 누가 강도 만난 자의 진정한 이웃이 되어 주었느냐?" 율법 교사는 이렇게 대답할 수밖에 없었습니다. "자비를 베푼 사람입니다." 예수님은 율법 교사에게 사마리아 사람처럼 타자에게 자비를 베풀라고 권합니다. 그것이 율법의 진정한 가르침이라는 것입니다. "가서, 너도 그와 같이 하여라."

예수님은 과연 실패했는가?

예수님은 메시아를 기다리던 유대 사람들의 기대를 충족해 주지 못했습니다. 그들은 이스라엘의 재건, 즉 다윗 왕조의 회복과 무관한 메시아를 인정할 수 없었던 것입니다. 종교 지도자들이 예수님을 공격하는 데 가장 앞장섰습니다. 유대 사회를 지탱해 오던 율법의 권위를 무너뜨렸다고 여겼기 때문입니다. 아니, 더 정확히 말하자면, 율법의 권위를 빙자해서 그동안 자신들이 누리던 모든 특권을 예수님이 폭로했기에 더더욱 내버려 둘 수 없었던 것입니다. 결국 예수님은 스스로 유대인의 왕이 되려 한다는 모함을 받고 십자가 처형을 당하고 말았습니다. 그렇다면 예수님의 시도는 이렇게 실패로 끝나고 만 것일까요?

어쩌면 이러한 결과는 이미 예고된 것일 수도 있습니다. 애초부터 예수님이 생각한 메시아는 유대인들이 받아들일 수 없었기 때문입니다. 예수님의 제자들조차 하나님의 나라를 다윗 왕조 회복과 혼동할 정도로 유대 민족주의가 깊이 뿌리박혀 있었던 것입니다.

하지만 예수님의 시도는 제자들에 의해 새로운 흐름으로 이어졌습니다. 「사도행전」 2장에는 예수님께서 제시한 하나님의 나라의 윤리를 적용한 공동체의 모습이 등장합니다.

사도들을 통하여 기이한 일과 표적이 많이 일어났다. 그리하여 모든 사람에게 두려운 마음이 생겼다. 믿는 사람은 모두 함께 지내면서, 모든 것을 공동으로 소유하고, 재산과 소유물을 팔아서, 모든 사람에게 필요한 대로 나누어 가졌다. 그리고 날마다 한 마음으로 성전에 열심히 모이고, 집마다 빵을 떼면서, 순수한 마음으로 기쁘게 음식을 먹고, 하나님을 찬양하였다. 그래서 그들은 모든 사람에게서 호감을 샀다. 주께서는 구원받는 사람을 날마다 더하여 주셨다.

—「사도행전」 2장 43-47절

예수님의 제자들이 만들었던 공동체는 더 이상 출신이나 계급, 직업, 장애 여부 등으로 차별받거나 소외되지 않도록 약자를 배려한다는 점에서 예수님께서 말씀하신 하나님의 나라의 모습과 매우 닮아 있었습니다. 예수님이 복음서를 통해 알려 주려 했던 것은 하나님의

나라였습니다. 이는 오랜 세월 동안 메시아를 고대했던 유대 사람들에게 실망스러운 답변이었을지도 모릅니다. 하지만 그 민족적 열망 때문에 그들은 훨씬 더 중요한 것을 못 보았을 수도 있습니다. 그래서 심지어 율법마저도 유대 민족만을 위한 것이라며 이방인과 장애인을 배제하고 차별하는 수단으로 삼았던 것일 수도 있습니다. 하지만 예수님은 이스라엘의 재건보다 훨씬 더 중요하고 값진 것이 무엇인지 가르쳐 주셨습니다. 그것은 하나님을 사랑하고 이웃을 내 몸처럼 사랑하는 것, 어느 누구도 배제되거나 차별당하지 않게 하는 것, 나아가 하나님의 나라의 윤리를 현실 속에서 구체적으로 실천하는 것이었습니다. 그리고 제자들은 이러한 예수님의 메시지가 온 인류에게 선포하는 기쁜 소식, 곧 복음이라고 전했던 것입니다.

6장

인간이 만든 경계를 넘어서

—

「로마서」가 말하는 믿음, 그리고 공동체

발랑탱 드 불로뉴, 「사도 서신을 쓰고 있는 바울」, 1618~1620년경.

이방 지역으로 퍼져 가는
그리스도인들의 공동체

예수님의 십자가 사건을 전후로 유대 사회의 분위기는 급속히 극단
적 민족주의로 치닫게 되었습니다. 이스라엘의 독립 가능성이 현실적
으로 멀어졌기 때문입니다. 그러면서 젤럿파를 중심으로 하는 급진적
민족주의와 바리새파의 보수적 이데올로기가 유대 사회 전반을 지배
하게 됩니다. 유대 사회 안에서 예수님의 제자들을 중심으로 전개되
던 활동은 크게 위축되면서, 이방 지역, 즉 디아스포라로 그 활동 무
대가 옮겨지게 됩니다.

　당시 이방 지역에 살던 유대인은 5~6백만 명을 헤아리는데, 이는
유대 본토의 인구보다 훨씬 많은 숫자였습니다. 디아스포라 유대인들
은 기원전 586년 남유다왕국의 패망 이후 수백 년간 이방 지역에서
살아오면서도 체계적인 율법 교육을 시행함으로써 유대 전통을 지켜

왔습니다. 또한, 예수님의 십자가 사건 이후로 얼마 있지 않아서 이방 지역에 그리스도인들의 공동체, 즉 교회가 형성되기 시작했습니다. 여기에는 유대 출신과 이방 출신 그리스도인이 서로 뒤섞여 있었는데, 「로마서」에 등장하는 '유대파'와 '헬라파'라는 표현은 이들을 지칭합니다.

이방 지역에 그리스도인들의 숫자가 늘어나자 유대 사람들은 이를 경계하였습니다. 그중 바울은 그리스도인들에 대해 큰 적대감을 가진 유대 사람들 가운데 하나였습니다. 이방 지역에서 태어났지만 어릴 때부터 충실하게 율법 교육을 받으며 성장하였기에 율법에 대한 해박한 지식을 갖고 있었습니다. 바울은 자신을 바리새파 사람이라고 소개하기도 했습니다. 어느 날 바울은 다메섹으로 가던 중에 갑자기 하나님의 음성을 듣고 회심을 하여 예수님을 전하는 사도가 되었습니다. 바울이 살던 당시에는 예수님의 제자들과 그리스도인들은 유대교 내의 작은 개혁적 종파에 불과했었습니다. 훗날 이 종파가 그리스도교라는 새로운 종교로 발전하는 데 가장 커다란 역할을 했던 사도가 바울입니다.

사실 바울은 예수님의 12제자에 속하지 않았기에 그리스도인 공동체에는 그다지 알려진 인물이 아니었습니다. 회심 이전에는 그리스도인들을 박해하는 일에 가담했기 때문에 오히려 의심의 눈초리를 받았습니다. 그래서 그리스도인들 사이에서는 바울의 사도 자격에 대한 논란이 일어나기도 했습니다. 그런 바울이 이방 출신 그리스도인들에

게 할례나 안식일, 음식에 관한 율법 조항 등을 지키지 않아도 괜찮다
고 하였습니다.

유대파 그리스도인들은 이러한 바울의 주장을 달갑게 여기지 않아
바울에게 이렇게 따지기도 했습니다. "당신을 두고 하는 말을 소문으
로 듣기로는, 당신이 이방 사람 가운데서 사는 모든 유대 사람에게 할
례도 주지 말고 유대 사람의 풍속도 지키지 말라고 하면서, 모세를 배
척하라고 가르친다는 것입니다."(「사도행전」 21장 21절)

유대 사람들은 오직 하나님께서 주신 율법을 통해서만 구원을 받
을 수 있으며, 따라서 율법을 부여받은 유대 민족만이 구원을 받는다
고 철석같이 믿고 있었습니다. 그런데 바울은 율법을 지키지 않는 이
방 사람들까지 구원을 받는다고 주장했기에 이를 받아들이기 어려웠
던 것입니다. 유대파 그리스도인들에게 바울은 민족의 배신자나 다름
없었습니다. 예수님의 동생 야고보와 제자들이 주축이 되어 설립된
예루살렘 공동체에서도 바울의 활동에 대해 우려의 시선을 보내고
있었습니다. 그렇지 않아도 유대 사회에서 점차 입지를 잃어 가고 있
던 예루살렘 공동체의 입장에서 볼 때 바울의 이러한 주장은 너무나
과격하게 비쳤던 것입니다.

그래서 예루살렘 공동체는 바울이 머물던 안디옥 공동체에 사람을
보내어 "여러분이 모세의 관례대로 할례를 받지 않으면, 구원을 얻을
수 없습니다."(15장 1절)라고 알려 왔습니다. 사실상 바울에게 반대 입
장을 명확히 한 것이지요. 이로 인해 안디옥 공동체에서는 커다란 소

란이 일어납니다. 바울은 협상 대표를 예루살렘에 보내어 마침내 중재안을 이끌어 냅니다. 즉, 이방 사람들에게도 복음을 전할 수 있으며 할례를 받지 않아도 구원을 얻을 수 있다는 결론을 끌어낸 것입니다. 이를 통해 바울은 이방 사람들을 위한 사도로서 공식적인 승인을 받게 됩니다.

하지만 예루살렘 공동체는 여전히 유대파 그리스도인들과 유대 사회의 반감을 의식하지 않을 수 없었습니다. 그래서 입장을 번복하여 할례 등의 유대 전통을 지킬 것을 요구하였습니다. 이방 사람들이 먹는 음식도 입에 대지 말 것을 요구합니다. "여러분은 우상에게 바친 제물과 피와 목매어 죽인 것과 음란한 행위를 멀리하여야 합니다."(15장 29절) 심지어 안디옥 공동체에 다시금 사람을 보내어 이를 잘 지키는지 확인하고자 했습니다.

예루살렘에서 안디옥 공동체를 찾아와 머물렀던 베드로는 예루살렘 공동체에서 보낸 사람이 당도하자 갑자기 자리를 떠났습니다. 마치 자신은 이방 사람들과 전혀 무관하다는 듯이 말이지요. 이를 목격한 바울은 크게 격분하여 이렇게 베드로를 비난합니다.

그것은 게바(베드로)가, 야고보에게서 몇몇 사람이 오기 전에는 이방 사람들과 함께 음식을 먹다가, 그들이 오니, 할례받은 사람들을 두려워하여 그 자리를 떠나 물러난 일입니다. 나머지 유대 사람들도 그와 함께 위선을 하였고, 마침내는 바나바까지도 그들의 위선에 끌려갔습니다. 나는 그들이 복음의 진리를 따라 똑바로 걷지 않는 것을 보고, 모든 사람 앞에서 게바에게 이렇게 말하였습니다. "당신은 유대 사람인데도 유대 사람처럼 살지 않고 이방 사람처럼 살면서, 어찌하여 이방 사람더러 유대 사람이 되라고 강요합니까?"

—「갈라디아서」 2장 12-14절

베드로가 이방 사람들과 스스럼없이 잘 어울리다가 예루살렘에서 사람이 오니까 마치 자신은 안 그런 척 위선적인 행동을 했다는 것입니다. 그래서 바울은 안디옥 공동체 사람들이 보는 앞에서 베드로의 이런 행동을 공개적으로 비난을 했습니다. 당신은 유대 사람이면서도 이제까지 이방 사람처럼 율법에서 자유롭게 살지 않았습니까? 그러면서 이제 와서 아닌 척하는 태도는 대체 무엇입니까? 그러면서 이방 사람들에게 유대 사람의 전통과 율법을 지키라고 요구할 수 있습니까? 이 사건 이후로 결국 베드로와 바울은 서로 결별을 하고 말았습니다.

유대 전통과 율법에 관한 논란은 더욱 격화되었고, 바울과 예루살렘 공동체와의 갈등은 좀처럼 해결의 실마리를 찾지 못하고 있었습니다. 바울은 이 모든 논란을 하루 속히 매듭짓고 싶었습니다. 이에 자신이 직접 예루살렘을 방문하기로 결심합니다. 예루살렘 공동체의 유대파 그리스도인들과 만나서 최종 담판을 지으려는 것이었습니다.

모든 논란을 마무리한 후에 로마에 가서 새로운 선교 활동을 시작하고자 했습니다. 그래서 로마 공동체의 그리스도인들에게 먼저 자신의 입장과 향후 계획에 대한 글을 써서 편지로 보냅니다. 그 편지가 지금부터 살펴볼 「로마서」입니다.

「로마서」 서두에서 바울은 자신이 어째서 예루살렘 공동체에 들르게 되었는지 밝힙니다. 유대 사회에서 많은 어려움을 겪고 있는 예루살렘 공동체를 경제적으로 돕고, 자신의 전도 활동이 유대 민족을 배신하려는 것이 아님을 보여 주려는 것이었습니다. 그리고 하나님께서 이방 사람들도 구원하신다는 점을 다시 설득할 요량이었습니다. 바울은 디아스포라 지역 공동체들의 대표자를 소집하여 예루살렘 방문단을 꾸리고, 예루살렘의 가난한 그리스도인들을 도울 기금도 마련하여 예루살렘으로 향합니다.

지금 나는 성도들을 돕는 일로 예루살렘에 갑니다. 마케도니아와 아가야 사람들이 기쁜 마음으로, 예루살렘에 사는 성도들 가운데 가난한 사람들에게 보낼 구제금을 마련하였기 때문입니다. 그들은 기쁜 마음으로 그렇게 하였습니다. 그들은 정말로 예루살렘 성도들에게 빚을 진 사람들입니다. 이방 사람들은 그들에게서 신령한 복을 나누어 받았으니, 육신의 생활에 필요한 것으로 그들에게 봉사할 의무가 있습니다. 그러므로 나는 이 일을 마치고, 그들에게 이 열매를 확실하게 전해 준 뒤에, 여러분에게 들렀다가 스페인으로 가겠습니다.

—「로마서」 15장 25-28절

예루살렘에 가겠다는 바울을 만류한 사람들도 적지 않았습니다. 예루살렘에서 어떤 화를 입을지 알 수 없었기 때문입니다. 바울을 민족의 배신자로 규정하여 그를 처형할지도 모를 일이었으니까요. 바울이 마련한 기금을 예루살렘 공동체에서 거절하여 계획이 수포로 돌아갈 수도 있었습니다. 바울은 예루살렘으로 출발하기 전에 공동체 교우들에게 다시는 자신의 얼굴을 볼 수 없을 수도 있다며 그들과 마지막 작별 인사를 합니다.(「사도행전」 20장)

로마에 있는 교우들에게도 자신이 화를 당하지 않도록 기도해 달라고 부탁하였습니다. "내가 유대에 있는 믿지 않는 자들에게서 화를 당하지 않도록, 그리고 또 내가 예루살렘으로 가져가는 구제금이 그곳 성도들에게 기쁘게 받아들여지도록 기도해 주십시오. 그래서 내가 하나님의 뜻을 따라 기쁨을 안고 여러분에게로 가서, 여러분과 함께 즐겁게 쉴 수 있게 되도록 기도해 주십시오."(「로마서」 15장 31-32절)

그렇게 하여 바울의 일행은 예루살렘으로 들어갔습니다. 그들의 방문에 대해 예루살렘 공동체는 오히려 큰 부담을 느꼈습니다. 유대 사회에서 이를 어떻게 받아들일지 잘 알고 있었기 때문입니다. 예수님의 동생 야고보는 바울에게 유대 사람들의 환심을 살 행위를 하라고 제안합니다. 성전에 가서 예루살렘 공동체 교우들의 성결 의식 비용

조토 디본도네의 스테파네스키 제단화로, 오른쪽에 바울의 순교 장면이 표현되어 있다. 1320년경.

을 대신 지불하라는 것입니다. 그러면 유대 사람들의 적대감이 어느 정도 누그러지지 않겠느냐는 것이지요.

하지만 성전에 간 바울 일행은 이방 사람들을 데려와 성전을 더럽혔다는 이유로 유대인들로부터 집단 폭행을 당합니다. 그리고 그 자리에서 로마 군인들에게 체포되어 로마로 압송되었습니다. 예루살렘 방문은 결국 실패로 돌아간 것이지요. 감옥에 갇혀 있는 동안 바울은

디아스포라의 여러 공동체들에 서신을 보내어 자신의 안부를 전하고,
자신의 일로 실망하지 말고 예수님의 가르침을 널리 전할 것을 당부
합니다. 그 서신들이 신약성서에 실린 「에베소서」, 「빌립보서」, 「골로
새서」, 「빌레몬서」입니다. 4년 후에 바울은 네로 황제에 의해 사형을
당합니다.

바울이 전하는 복음,
새로운 윤리들

하나님은 유대인만을 위한 하나님이 아니다

「로마서」는 바울이 감옥에 갇히기 직전에 마지막으로 서술한 유작이기도 합니다. 일상적인 안부가 많은 비중을 차지하는 다른 서신들과 달리, 「로마서」는 자신의 신학적 견해를 차분히 정리하여 체계적으로 서술하였습니다. 그래서 많은 학자들이 「로마서」를 바울의 대표적인 저술로 꼽기도 합니다. 바울은 「로마서」에서 예루살렘 방문 목적과 향후 계획, 그리고 유대인과 헬라인, 율법과 복음의 관계 등에 대해 차례로 설명합니다.

우선, 바울은 하나님의 구원이 율법이 아니라 믿음을 통해 이루어진다는 점을 명확히 합니다. 구원이 율법에 의해 이루어지지 못한다면, 이는 유대인들이 배타적 유대 민족주의를 주장할 근거가 완전히 사라짐을 뜻합니다. 율법을 지닌 민족이라는 특권적 지위는 허상에 불과하다는 것입니다. 바울은 이렇게 묻고 있습니다. 율법을 행함으로써 과연 하나님 앞에서 자신이 의롭다고 주장할 수 있는 사람이 있겠는가?(「로마서」 2-3장) 율법을 완벽히 지킨다면 구원을 얻을 수 있겠지만 어느 누구도 그럴 수 없습니다. 유대 사람들이 할례를 하고 안식일을 지키는 등 형식적인 규정에 충실하다고 해서 율법을 제대로 지켰다고 할 수 없습니다. 하나님께서는 율법을 행하는 사람의 마음을 더 중요하게 보시기 때문입니다.

그렇다고 바울이 헬라 사람의 주장에 손을 들어주는 것은 아닙니다. 율법을 무시하고 자신들의 지혜만으로 구원을 얻으려 해도 이 역시 불가능하다는 것입니다. 아무리 도덕적인 행위를 하더라도 하나님 앞에서 자신의 의로움을 자랑할 수 있는 사람 또한 존재하지 않기 때문입니다. 하나님은 유대 민족만을 위한 하나님도, 이방 사람만을 위한 하나님도 아닙니다. 할례를 받았든지 안 받았든지 상관없이, 즉 유대 사람이든 이방 사람이든 오직 예수 그리스도에 대한 믿음을 통해서만 구원을 얻을 수 있다는 것입니다. 혈통이나 성별, 신분, 사회적 지위, 장애 등 인간이 만들어 낸 그 어떠한 차별이나 특권도 인정될 수 없습니다.

"여러분은 모두 그 믿음으로 말미암아 그리스도 예수 안에서 하나님의 자녀들입니다. 여러분은 모두 세례를 받아 그리스도와 하나가 되고, 그리스도를 옷으로 입은 사람들이기 때문입니다. 여기에는 유대 사람도 헬라 사람도 없으며, 노예도 자유인도 없으며, 남자와 여자가 없습니다. 여러분 모두가 그리스도 예수 안에서 하나이기 때문입니다."

―「갈라디아서」 3장 26-28절

유대 사람이라고 해서 헬라 사람보다 더 우월한가? 그렇지 않다는 것입니다. 남자가 여자보다 우월하고, 자유인이 노예보다 우월한가? 그렇지 않습니다. 남편이라고 해서 아내를 강제할 수 없으며, 아내도 마찬가지입니다.(「고린도전서」 7장) 바울이 속한 공동체에서는 여성들도 얼마든지 지도자가 될 수 있었고 강단에 올라가 설교도 할 수 있었습니다. 남성 위주의 사회에서 성별에 따른 차별을 최대한 줄이고자 했던 것입니다.

또한 그 당시 사람들은 노예제도를 당연하게 여겼지만 바울은 노예를 노예로 대하지 말고 동등한 형제로 대하라고 말합니다. 바울은 노예 소유주였던 빌레몬에게 직접 편지를 보내어 그의 노예이던 오네시모를 노예가 아닌 형제로서 대하도록 권합니다. 예수 그리스도 안에서는 노예 소유주도 노예도 없기 때문입니다.

마틴 루터는 율법이 아닌 믿음으로 구원을 얻는다는 바울의 「로마서」에 큰 감명을 받고 16세기 종교개혁을 주도할 수 있었습니다. 그는 로마 가톨릭 교회가 정한 온갖 형식적인 교리와 종교의식들에 반

산타 프라세데 성당의 모자이크화. 바울(오른쪽)이 성 프라세데(가운데)를
예수에게 소개하는 모습이며 왼쪽은 교황 파스칼 1세이다. 9세기 초.

발했습니다. 왜냐하면, 인간은 율법과 같은 외적, 형식적 규정이 아닌
인간의 내적인 믿음을 통해서만 구원받을 수 있다고 믿었기 때문입
니다. 루터의 이러한 주장이 유럽 전체를 뒤흔들었고, 종교개혁이라
는 크나큰 사건으로 이어졌습니다.

　하지만 루터의 바울 해석은 어느 정도 한계가 있었습니다. 바울에

게 믿음이란 사회적이고 윤리적인 차원까지 포괄하는 것이었기 때문입니다. 하나님의 구원은 인간이 만들어 낸 차별과 특권적 지위를 무너뜨리고자 했던 예수 그리스도를 믿음으로써 주어진다는 것이 바울의 핵심 주장이었습니다. 하지만 루터는 믿음을 단순히 개인의 내면적 차원으로만 이해함으로써 개인의 구원만을 중시하는 편향을 낳았습니다. 바울에게 믿음이 지녔던 사회적이고 윤리적인 의미를 크게 축소시켰던 것입니다.

"모든 것이 허용되지만 모든 것이 다 유익한 것은 아니다."

디아스포라의 그리스도인 공동체 내에서는 유대 사람들이 다수가 되기도 하고, 반대로 이방 사람들이 다수가 되기도 했습니다. 공동체 안에서는 다수를 차지하는 집단이 주도하는 경우가 일반적입니다. 다수파가 주류가 되고 소수파가 비주류가 되는 것이지요. 이때 소수는 다수의 의견에 따를 것을 요구받습니다. 디아스포라 공동체들의 사정도 이와 비슷했습니다. 유대 사람들이 다수일 때는 이방 사람들이 위축이 되었는데 얼마 있지 않아서 이방 사람들이 다수가 되면서 상황이 달라졌습니다.

「로마서」 14장과 15장에서 말하는 '강한 자'와 '약한 자'는 '다수파'와 '소수파'를 지칭합니다. 다수파가 된 헬라 사람들은 더 이상 율법을 지킬 필요가 없다는 입장이었습니다. 그래서 아무것이나 거리낌 없이 먹었던 반면, 유대 사람들은 율법에 따라 고기나 포도주를 입에 대지 않고 채소만을 먹었습니다. 소수가 된 그들은 공동체 내에서 더욱 위축된 모습을 보였습니다. 사실 바울은 율법에 얽매일 필요가 없다고 여겼습니다. 하지만 그는 '약한 자', 즉 '소수파'의 생활 방식 자체는 존중해야 한다는 입장이었습니다. 소수파라고 무시해서는 안 된다는 것입니다. "믿음이 강한 우리는 믿음이 약한 사람들의 약점을 돌보아 주어야 합니다. 우리는 자기에게 좋을 대로만 해서는 안 됩니다. 우리는 저마다 자기 이웃의 마음에 들게 행동하면서, 유익을 주고 덕을 세워야 합니다."(「로마서」 15장 1-2절)

고린도에 있는 공동체에서는 더 극단적인 사례가 있었습니다. 다수파였던 헬라 사람들은 소수파들을 무시하면서 자기들끼리만 어울렸습니다. 그들은 더 이상 율법을 지킬 필요가 없으므로 "모든 것이 허용되어 있다."는 입장이었습니다. 돈 많은 사람들은 좋은 음식을 먹었고 가난한 소수파 유대 사람들을 더욱 움츠러들도록 만들었습니다. 이에 대해 바울은 매우 비판적입니다. 바울은 그들에게 자신은 모든 것이 허용되더라도 스스로 이를 삼갈 것이라고 말합니다. 자신의 행위가 누군가에게 상처를 주고 걸림돌이 된다면 이는 삼가야 마땅하다는 것입니다. 모든 것이 허용되더라도 모든 것이 유익한 것은 아니며, 공동체의 덕을 세우는 것이 아니라는 것입니다.(「고린도전서」 10장 23절) 바울은 우리에게 주어진 자유가 어떻게 사용되어야 하는지에 대해 이렇게 말합니다.

"음식을 먹지 않는다고 해서 손해 볼 것도 없고, 먹는다고 해서 이로울 것도 없습니다. 그러나 여러분에게 있는 이 자유가 약한 사람들에게 걸림돌이 되지 않도록 조심하십시오. (…) 음식이 내 형제를 걸어서 넘어지게 하는 것이라면, 그가 걸려서 넘어지지 않게 하기 위해서, 나는 평생 고기를 먹지 않겠습니다."

—「고린도전서」 8장 7-13절

바울은 하나님께서 언제나 약자의 편이라는 점을 일깨웁니다. 스스로 강자 혹은 다수파라 하여 약자를 업신여기고 무시한다면 하나님은 약자의 편에 서서 강자를 부끄럽게 만들 것이라고 합니다. 헬라 사람들이 지혜를 과시하며 유대 사람들을 무시하는 것에 대해서도 마찬가지입니다. 하나님께서는 지혜를 자랑하려는 사람들을 도리어 부끄럽게 만드신다는 것입니다. 하나님께서 선택하신 것은 예수 그리스도의 나약함이자 어리석음입니다. 사람들 눈에는 나약하게 십자가에 달린 예수님이 실패한 메시아처럼 보이겠지만, 하나님께서는 이러한 나약한 메시아를 통해서 하나님의 나라를 이루신다는 것입니다.

하나님께서는, 지혜 있는 자들을 부끄럽게 하시려고 세상의 어리석은 것들을 택하셨으며, 강한 것들을 부끄럽게 하시려고 세상의 약한 것들을 택하셨습니다. 하나님께서는 세상에서 비천한 것들과 멸시받는 것들을 택하셨으니 곧 잘났다고 하는 것들을 없애 여기서 우리는 바울의 율법에 대한 유연한 태도와 약자에 대한 배려를 만날 수 있습니다. 바울은 유대 사람들이 기존의 전통대로 율법을 지키며 사는 것을 존중하면서도 그것을 이방 사람들에게 강요하는 것에 대해서는 반대하였습니다. 마찬가지로, 이방 사람들은 유대 사람처럼 율법을 지킬 필요가 없다고 보았지만, 그렇다고 율법을 지키려는 유대 사람들의 관습까지 무시해서는 안 된다고 말합니다. 율법으로부터 자유롭게 산다고 해서 약자에게 상처를 주는 것은 옳지 못하다는 것이지요.

바울은 율법주의자들처럼 어떤 정해진 규정만을 고집하여 이를 강제하려 하지 않았습니다. 그보다는 각각의 특수성을 고려하여 유연하게 대처하고자 했습니다. 서로 다른 상황과 조건을 고려하지 않는다면 이는 차별과 배제로 이어질 수 있기 때문입니다. 성별이나 나이, 신분, 출신 등 많은 요소들을 차별의 근거로 삼을 수 있습니다. 누구라도 약자가 될 수 있고 차별을 받을 수 있는 것입니다. 바울은 저마다의 차이가 존중되도록 할 뿐만 아니라, 그러한 차이 때문에 차별받지 않도록 배려한 것입니다.

차이를 장점으로 만드는 '카리스마'의 공동체

차이를 중시하는 바울의 관점은 공동체에 대한 언급에서도 잘 드러
납니다. 바울은 '카리스마(Charisma, 선물)'가 공동체의 중요한 구성
요소라 여겼습니다. 우리는 통상 카리스마라고 하면 어떤 초자연적이
고 비범한 능력이나 대중을 사로잡는 권위 등을 떠올립니다. 하지만
바울은 이 용어를 하나님께서 각 사람에게 주신 고유한 능력과 재능
이라는 뜻으로 사용합니다. 카리스마에는 초자연적인 능력에서부터
개인적인 소질까지 모두 포함됩니다. 저마다 지니고 있는 능력과 재
능은 모두 하나님께서 무상으로 주신 선물이라는 것이지요.

하나님께서 우리에게 주신 은혜를 따라, 우리는 저마다 다른 신
령한 선물(카리스마)을 가지고 있습니다. 가령, 그것이 예언이면
믿음의 정도에 맞게 예언할 것이요, 섬기는 일이면 섬기는 일에
힘써야 합니다. 또 가르치는 사람이면 가르치는 일에, 격려하는
사람이면 격려하는 일에 힘쓸 것이요, 나누어 주는 사람은 순수
한 마음으로, 지도하는 사람은 열성으로, 자선을 베푸는 사람은
기쁜 마음으로 해야 합니다.

—「로마서」 12장 6-8절

공동체 안에는 다양한 사람이 존재하기 마련입니다. 이러한 다양성
을 어떻게 대하느냐에 따라 공동체의 성격은 크게 달라집니다. 전체

적인 조화와 질서만을 강조하면서 각자의 차이와 다양성을 무시하는 권위적이고 획일적인 공동체가 되기도 하고, 각자의 차이와 다양성을 중시하면서 서로의 화합을 추구하는 공동체가 될 수도 있습니다.

바울은 공동체 내에서 저마다의 다양한 카리스마를 존중하면서도 서로가 함께 어울릴 때 비로소 진정한 공동체를 이룰 수 있다고 보았습니다. 흔히 '사랑'에 대한 찬미로 많이 인용되곤 하는 「고린도전서」 13장의 핵심 내용은 이러한 차이와 다양성이 중시되는 공동체에 대한 것입니다. 바울은 각자의 재능이나 능력이 아낌없이 표현될 수 있도록 하면서도 동시에 다른 재능을 가진 사람과 함께 어울리는 것이 중요하다고 말합니다. "내가 사람의 모든 말과 천사의 말을 할 수 있을지라도, 내게 사랑이 없으면, 울리는 징이나 요란한 꽹과리가 될 뿐입니다."(「고린도전서」 13장 1절)

바울에 따르면, 저마다의 재능과 능력 자체는 하나님께서 주신 선물이므로 이를 누구도 무시하거나 업신여겨서는 안 됩니다. 차이와 다양성이 존중되어야 하는 첫 번째 이유입니다. 자신의 재능과 능력을 과시하면서 다른 사람을 무시하는 것은 시끄러운 꽹과리 소리처럼 주변에 피해를 줄 뿐입니다. 서로의 재능을 비교하면서 능력이 부족한 사람을 업신여기는 것은 공동체 내의 모든 구성원들을 하나의 기준에 따라 서열화함으로써 차이를 없애 버리는 결과를 낳습니다. 자신이 가진 장점은 다른 사람의 약점을 공격하는 수단이 되고 맙니다.

바울은 각자가 자신의 재능과 능력을 발휘하더라도 반드시 사랑이 있어야만 한다고 말합니다. 저마다의 재능과 능력이란 부분적인 것에 불과하며 완전한 것도 아닙니다. 각자의 차이와 다양성이 서로 어울릴 수 있도록 해 주는 것이 바로 사랑입니다. 또한, 각자의 차이는 공동체 내의 다른 사람의 차이와 함께할 때 그 진가를 발휘할 수 있게 됩니다. 바울은 이를 악기의 비유를 들어 설명합니다. "피리나 거문고 같이 생명이 없는 악기도, 음색이 각각 다른 소리를 내지 않으면, 피리를 부는 것인지, 수금을 타는 것인지, 어떻게 알 수 있겠습니까?"(14장 7절)

예를 들어, 바이올린만 혼자서 계속 연주하는 것보다는 피아노나 드럼이 함께할 때 훨씬 듣기에 좋은 소리가 될 것입니다. 바이올린 소리도 더욱 아름답게 돋보입니다. 반대로, 각자가 자신의 악기를 제멋대로 연주한다면 이는 시끄러운 소음에 불과하게 될 것입니다. 서로의 음색이 지닌 차이도 구별하기 어렵습니다. 각자의 악기가 지닌 차이를 중시하면서 함께 리듬을 맞추어 갈 때, 서로의 차이는 더 분명해지면서도 동시에 아름다운 화음으로 변신하게 됩니다. 즉, 서로의 차이를 존중하면서 서로의 장점을 북돋아 줄 때 각자의 재능과 능력은 가장 잘 발휘될 수 있다는 것입니다.

이처럼 카리스마, 즉 각자의 재능과 능력이 어떻게 사용되는가에 따라서 전혀 다른 공동체가 만들어진다고 할 수 있습니다. 바울은 재능과 능력이 개인의 명망이나 권력을 위한 수단으로 전락하는 것을 막고자 했습니다. 어떤 사람이라도 장점과 약점을 동시에 가지고 있습니다. 바울이 추구한 공동체는 서로의 차이를 장점으로 만들어 저마다의 재능과 능력을 충분히 살릴 수 있도록 만드는 공동체였습니다. 그는 이를 그리스도를 중심으로 한 몸을 이루는 공동체라고 불렀습니다.

모든 종류의 사람이 될 수 있었다

여러분은 옛 사람을 그 행실과 함께 벗어 버리고, 새 사람을 입으십시오. 이 새 사람은 자기를 창조하신 분의 형상을 따라 끊임없이 새로워져서, 참 지식에 이르게 됩니다. 거기에는 그리스인과 유대인도, 할례받은 자와 할례받지 않은 자도, 야만인도 스구디아인도, 노예도 자유인도 없습니다. 오직 그리스도만이 모든 것이며, 모든 것 안에 계십니다.

—「골로새서」 3장 9-11절

바울은 그리스도인이 된다는 것의 의미를 '새로운 사람'이 되는 것으로 설명합니다. 출신, 신분, 성별, 학식 등은 옛 사람을 규정하는 요소들입니다. 사람들은 자유인과 노예, 남자와 여자, 부자와 가난한 자,

배운 자와 못 배운 자를 구분하여 차별하고 업신여깁니다. 바울에게 그것은 예수님을 알지 못했던 옛 사람의 모습에 불과합니다. 예수님을 받아들인 이후로 그는 인간이 만들어 놓은 기존의 경계들이 매우 무가치하고 잘못된 것임을 깨닫습니다.

바울은 유대 사람들 앞에서는 그들의 전통과 율법을 존중하면서도 그것에 얽매이지 말 것을 강조했습니다. 바울은 유대 사람이지만 유대 사람으로 살지 않았으며, 그렇다고 자신이 유대 민족 출신이라는 점을 부정하지도 않았습니다. 그리스도인을 규정하는 것은 인간이 만들어 낸 경계가 아니라 예수님의 가르침이었기 때문입니다. 그렇기에 자신은 모든 사람 앞에서 모든 종류의 사람이 될 수 있었다고 말합니다.(「고린도전서」 9장 17-22절)

바울에게 경계를 넘어서 살아간다는 것은 현실을 부정하거나 도피하는 것을 뜻하지 않았습니다. 그보다는 그리스도인으로서 살아가는 것을 더 우선시한다는 것이며, 따라서 기존에 자신을 규정하던 옛 경계는 다만 부차적인 의미만을 지니게 된다는 것입니다. 저마다의 삶 속에는 일정하게 부여된 역할이 있습니다. 바울은 오히려 각자에게 주어진 역할에 충실하라고 말합니다. 하지만 부여된 역할에 얽매이지 말 것 또한 강조합니다. 현실에 발을 딛고 살아가면서도 예수님의 가르침이었던 하나님의 나라의 윤리를 매 순간 실현하고자 최선을 다하는 것이 그리스도인의 과제입니다. 네로 황제에게 처형을 당하기까지 바울은 하나님의 나라를 전하고자 고군분투하였습니다.

세속적인 현실과 분리되어 있지 않으면서 동시에 그러한 현실에 속하지 않는 삶을 살아가는 것. 이러한 바울의 요구대로 살아가기란 결코 쉽지 않아 보입니다. 우리 모두가 유한하고도 나약한 인간이기에 현실과 타협하면서 살지 않을 수 없기 때문입니다. 하지만 어리석은 일인지 알면서도, 심지어 불이익을 당할 수도 있음에도, 그것이 정말로 중요하다고 생각한다면 무모하게 시도하는 것 또한 인간이기도 합니다. 그렇게 어리석고 무모한 사람들이 조금씩 현실을 바꾸고 그것이 모여서 역사를 바꾸었던 것입니다. 바울 또한 그러한 어리석은 사람 가운데 하나였습니다. 바울 사후에 이방 지역에는 예수님의 가르침을 따르는 많은 공동체가 생겨났고, 바울은 훗날 예수님의 가장 중요한 사도이자 그리스도교를 설립하는 데 가장 크게 기여한 인물로 평가받게 되었습니다.

우리 자신을 성찰하는 거울

성서를 읽을 때 가져야 할 가장 중요한 원칙 하나를 든다면, 성서를 자신이나 자신이 속한 집단을 절대화하고 정당화하는 수단으로 간주해서는 안 된다는 점입니다. 성서의 권위를 빌려 자신의 주장이나 행위를 정당화하는 것은 결국 신의 권위를 도용해서 자신들의 주장을 절대화하려는 시도인 것입니다. 이는 성서를 매우 잘못 해석하는 방식일 뿐만 아니라 가장 나쁘게 해석하는 방식입니다.

역사를 살펴보면 특정 교파의 이해관계에 따라 성서의 일부 문구만을 떼어 내 해석하고, 또 그것을 교리로 만들어 불변의 진리처럼 간주하는 것을 쉽게 만날 수 있습니다. 이는 비단 종교 내부에만 있었던 것은 아닙니다. 사회, 정치적인 문제들에서도, 성서는 인종적 편견을 부추기거나 계급 차별을 옹호하는 근거로 악용되기도 했습니다. 서구의 제국주의자들은 타문화를 부정하는 근거로 삼기도 했습니다. 하지만 이는 성서를 매우 잘못 해석하는 것입니다. 타 문명, 타 문화, 타 종교 등을 증오하도록 만드는 것은 결코 올바른 성서 해석일 수 없습니다.

성서 해석의 가장 기본적인 원칙은 그리스도교의 근본 가르침인 하나님과 이웃에 대한 사랑에 부합하도록 해석하라는 것입니다. 인간에 대한 멸시와 증오를 부추기는 것은 결코 올바른 성서 해석이 아닙니다.

저는 성서가 독자들에게 던지는 질문에 먼저 귀를 기울이고자 했습니다. 성서가 우리에게 전하려는 메시지의 의도부터 먼저 이해하는 것이 중요하다고 생각했기 때문입니다. 그리고 더 중요하게는, 성서를 통해 오늘날 우리가 살아가는 삶의 모습을 되돌아보고자 했습니다. 성서를 자기 정당화의 수단으로 삼기보다, 우리 자신을 성찰하는 거울로 삼자는 것이지요.

성서의 저자들은 각자 자신이 처한 상황에서 하나님의 뜻이 어디에 있는지 물었고, 자신의 유불리를 먼저 계산하기보다 하나님의 뜻에 따라 자신들에게 주어진 문제를 해결하고자 했습니다. 오늘날 우리도 성서를 통해 지금의 상황에서 하나님의 뜻이 어떤 것일지, 그리고 어떤 식으로 문제를 풀어 가는 것이 하나님의 뜻에 더 부합할지 생각해 볼 수 있지 않을까요?

물론 제가 시도한 성서 해석은 결코 유일한 해석이 아닙니다. 더욱

다양한 성서 해석이 이루어질 때 성서가 우리에게 전해 주는 진리에
조금씩 가까이 다가갈 수 있을 것이라 생각합니다.

이 책을 읽고 나서 나중에 여러분들이 직접 성서를 읽을 때 제가
느꼈던 것보다 더 큰 감동과 기쁨이 있으면 좋겠습니다.

생각이 찾아오는 학교 너머학교

생각한다는 것
고병권 선생님의 철학 이야기
고병권 지음 | 정문주 · 정지혜 그림

탐구한다는 것
남창훈 선생님의 과학 이야기
남창훈 지음 | 강전희 · 정지혜 그림

기록한다는 것
오항녕 선생님의 역사 이야기
오항녕 지음 | 김진화 그림

읽는다는 것
권용선 선생님의 책 읽기 이야기
권용선 지음 | 정지혜 그림

느낀다는 것
채운 선생님의 예술 이야기
채운 지음 | 정지혜 그림

믿는다는 것
이찬수 선생님의 종교 이야기
이찬수 지음 | 노석미 그림

논다는 것
오늘 놀아야 내일이 열린다!
이명석 글 · 그림

본다는 것
그저 보는 것이 아니라 함께 잘 보는 법
김남시 지음 | 강전희 그림

잘 산다는 것
강수돌 선생님의 경제 이야기
강수돌 지음 | 박정섭 그림

너머학교 고전교실

너는 네가 되어야 한다
고전이 건네는 말 1
수유너머R 지음 | 김진화 그림

나를 위해 공부하라
고전이 건네는 말 2
수유너머R 지음 | 김진화 그림

독서의 기술,
책을 꿰뚫어보고 부리고 통합하라
모티머 J. 애들러 원저 | 허용우 지음

우정은 세상을 돌며 춤춘다
고전이 건네는 말 3
수유너머R 지음 | 김진화 그림

대화편,
플라톤의 국가란 무엇인가
플라톤 원저 | 허용우 지음 | 박정은 그림

감히 알려고 하라
고전이 건네는 말 4
수유너머R 지음 | 김진화 그림

아Q정전,
어떻게 삶의 주인이 될 것인가
루쉰 원저 | 권용선 지음 | 김고은 그림

언제나 질문하는 사람이 되기를
고전이 건네는 말 5
수유너머R 지음 | 김진화 그림

경연,
평화로운 나라로 가는 길
오항녕 지음 | 이지희 그림

유토피아,
다른 삶을 꿈꾸게 하는 힘
토머스 모어 원저 | 수경 지음 | 이장미 그림

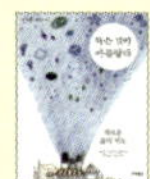
작은 것이 아름답다, 새로운 삶의 지도
에른스트 프리드리히 슈마허 원저 | 장성익 지음 | 소복이 그림

성서, 삶의 진실을 향한 무한 도전
손기태 지음 | 이유정 그림

더불어 고전 읽기

욕망, 고전으로 생각하다
수유너머N 지음 | 김고은 그림

사랑, 고전으로 생각하다
수유너머N 지음 | 전지은 그림

진화와 협력, 고전으로 생각하다
수유너머N 지음 | 박정은 그림

질문과 질문으로 이어지는 생각 익힘책

생각연습
생각의 근육을 키우는 질문 34
리자 하글룬트 글 | 서순승 옮김 | 강전희 그림

공존의 터전

쿠바 알 판 판 알 비노 비노
오로가 들려주는 쿠바 이야기
오로 · 김경선 지음 | 박정은 그림

그림을 그린 **이유정** 선생님은

홍익대학교 시각디자인과를 졸업했고, 한국일러스트레이션학교(Hills)에서 그림책 공부를 했습니다. 힘찬 그림 그리기를 좋아합니다. 그림으로 힘차게 살아 있는 감각을 나누고 싶습니다. 글을 쓰고 그린 그림책으로는 『우리 집에 사는 신들』 『덩쿵따 소리 씨앗』이 있고, 그림을 그린 책으로는 『서로를 보다』 『달려라! 아빠 똥배』 『여보세요, 생태계 씨! 안녕하신가요?』 『으랏차차 흙』 등이 있습니다.

사진 제공
Wikimedia Commons, Museum of Fine Arts, Avishai Teicher, Bernard Gagnon

너머학교 고전교실 14

성서, 삶의 진실을 향한 무한 도전

2018년 3월 15일 제1판 1쇄 인쇄
2018년 3월 20일 제1판 1쇄 발행

지은이　　　손기태
그린이　　　이유정
펴낸이　　　김상미, 이재민

편집　　　　김세희
디자인기획　민진기디자인

종이　　　　다올페이퍼
인쇄　　　　청아문화사
제본　　　　길훈문화

펴낸곳　　　너머학교
주소　　　　서울시 종로구 자하문로24길 32-12 2층
전화　　　　02)336-5131, 335-3366, 팩스 02)335-5848
등록번호　　제313-2009-234호

ISBN 978-89-94407-66-1 44200
ISBN 978-89-94407-30-2 44000(세트)
www.nermerbooks.com

너머북스와 너머학교는 좋은 서가와 학교를 꿈꾸는 출판사입니다.